Andreas Niedballa

Sermons de psaumes

14 psaumes différents conçus pour la vie quotidienne

Éditions universitaires européennes

Imprint
Any brand names and product names mentioned in this book are subject to trademark, brand or patent protection and are trademarks or registered trademarks of their respective holders. The use of brand names, product names, common names, trade names, product descriptions etc. even without a particular marking in this work is in no way to be construed to mean that such names may be regarded as unrestricted in respect of trademark and brand protection legislation and could thus be used by anyone.

Cover image: www.ingimage.com

Publisher:
Éditions universitaires européennes
is a trademark of
International Book Market Service Ltd., member of OmniScriptum Publishing Group
17 Meldrum Street, Beau Bassin 71504, Mauritius

Printed at: see last page
ISBN: 978-613-9-54198-0

Cher lecteur,

le livre que vous tenez entre vos mains a été publié à l'origine sous le titre "Predigten zu Psalmen", ISBN 978-613-8-35779-7.

Sa publication en français a été rendue possible grâce à l'utilisation de l'Intelligence Artificielle dans le domaine linguistique.

Cette technologie, qui a été récompensée par le premier prix honorifique d'Intelligence Artificielle à Berlin en septembre 2019, se rapproche au fonctionnement du cerveau humain. Elle est donc apte de capturer et de transmettre les plus infimes nuances d'une manière jamais atteinte auparavant.

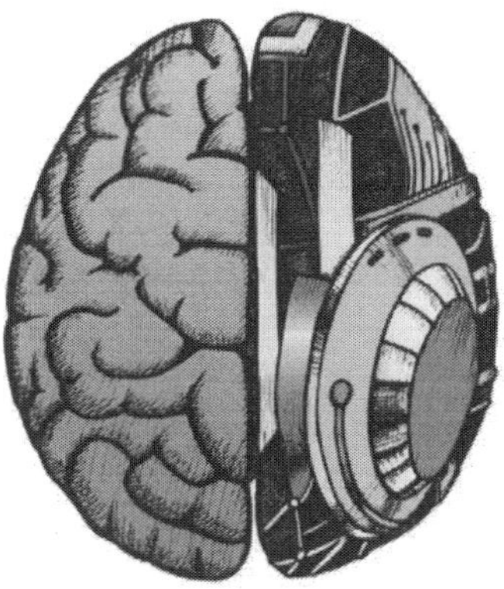

Nous espérons que ce livre vous plaira et nous vous demandons de bien vouloir tenir compte de toute anomalie linguistique qui aurait pu survenir au cours de ce processus.

Bonne lecture à vous !

Éditions Universitaires Européennes

Contenu

Psaume 1

INVITATION À VIVRE

1 Heureux celui qui ne marche pas dans le conseil des méchants, qui ne marche pas dans la voie des pécheurs, et qui ne s'assied pas dans la voie des pécheurs, où s'assoient les moqueurs

2 Mais il prend plaisir à la loi de l'Éternel, et il médite sa loi jour et nuit.

3 Il est semblable à un arbre planté près des fleuves d'eau, et il porte du fruit en sa saison, et ses feuilles ne se fanent pas. Et ce qu'il fait, je suppose, c'est comme ça que ça marche.

4 Mais ce ne sont pas les méchants qui sont ainsi, mais comme la paille dispersée par le vent.

5 C'est pourquoi les impies ne se tiennent pas en jugement, ni les pécheurs dans la congrégation des justes.

6 Car l'Éternel connaît la voie des justes, Mais la voie des méchants passe

Invitation à la vie

Un homme a des problèmes de santé et va chez le médecin. Le médecin détermine que l'homme est en fait en bonne santé, mais qu'il est trop gros. Le médecin établit donc un plan d'alimentation selon lequel l'homme devrait vivre pendant les prochaines semaines. Après le temps convenu, l'homme revient chez le médecin, monte sur la balance et est surpris de découvrir qu'il a pris 2 kilos de poids. L'homme dit, étonné : " Je ne comprends pas. J'ai vraiment mangé son régime après chaque repas !"
On y rit. C'est un non-sens complet de manger normalement et de prendre en plus un repas de régime. Mais c'est ainsi que certains vivent leur foi chrétienne. Ils vivent leur vie quotidienne comme cela leur convient. En même temps, ils vont à l'église, prient et lisent la Bible. Et puis ils se demandent pourquoi leur vie de foi est si vide et apathique !
Le Psaume d'aujourd'hui montre en toute clarté que chaque personne doit prendre une décision fondamentale. Chacun doit décider s'il veut vivre selon la philosophie de vie des tendances actuelles ou selon les directives de la Bible. Il dépend de cette décision si vous aurez une vie remplie ou une vie creuse à la fin !

Le Livre des Psaumes nous invite à une vie cohérente avec Dieu. Ce livre est un recueil de prières, de chants et de poèmes des premiers habitants d'Israël.
73 Les psaumes sont marqués du titre qu'ils viennent du roi David. David vivait

vers 1 000 ans avant J.-C. Il vivait très consciemment avec Dieu. Il aimait Dieu par-dessus tout. Et les Psaumes nous permettent de regarder dans son coeur. Ici, nous pouvons apprendre à prier. Comment parler à Dieu dans votre besoin personnel. Et comment on peut remercier et louer Dieu !
David a également organisé le service dans le Temple de Jérusalem. Entre autres choses aussi le service des chanteurs dans le temple. Il lui a certainement écrit quelques chansons.
Aussi Asaph et les fils de Coré étaient chanteurs et musiciens dans le temple de Dieu. Parmi ceux-ci, 12 psaumes nous ont été transmis.
Pendant qu'ils écrivaient ces psaumes, le Saint-Esprit veillait sur eux et les illuminait. Ils ne savaient pas, lorsqu'ils l'ont écrit, que ce qu'ils écrivaient était la Sainte Écriture. La Parole de Dieu pour toute l'humanité, pour tous les temps futurs !
David dit vers la fin de sa vie 2. Samuel 23:2
"L'Esprit du Seigneur a parlé à travers moi et sa parole est sur ma langue."
Ainsi, David a découvert à un moment donné que Dieu l'a utilisé comme son prophète.
Comme les Psaumes sont aussi des prophéties, ils sont souvent cités dans le NT. Aucun autre livre n'est aussi souvent mentionné dans le NT que les Psaumes. 50 Psaumes apparaissent dans le NT de quelque façon que ce soit !

Le premier psaume était certainement destiné à servir de titre pour l'ensemble du livre des psaumes. Le Psaume montre les deux chemins qui sont ouverts à tout homme :

- Le chemin avec Dieu et le chemin sans Dieu.

Les Psaumes invitent tous ceux qui les lisent à une vie consciente avec Dieu. Ils veulent être une instruction à vivre. "Instruction" en hébreu signifie Torah. C'est ce dont parle le premier psaume, la Torah. Pour l'instruction de la vie. C'est une invitation à étudier les Saintes Écritures. Il nous montre combien est belle et précieuse une vie qui est façonnée par la parole de Dieu. Et il veut nous sauver de la terrible fin qui attend tous les hommes qui rejettent l'instruction de Dieu de vivre !
C'est le contenu du premier psaume. Et c'est le fil rouge qui traverse tous les psaumes !
Alors comment puis-je façonner ma vie pour qu'elle soit finalement riche et épanouie ? Ici, il est expliqué.

1. Le chemin de la vie

Le psaume commence par une sorte de cri de joie verset 1 :

"Heureux celui qui ne marche pas dans le conseil des méchants, qui ne marche pas dans la voie des pécheurs, et qui ne s'assied pas dans la voie des pécheurs, où s'assoient les moqueurs.

Le livre des Psaumes commence comme Jésus commence le Sermon sur la montagne - par une béatitude. C'est-à-dire avec des félicitations. Il vous le dit : "Félicitations ! Oh, c'est une bonne chose que tu n'écoutes pas les conseils des méchants ! Vous avez sauvé votre vie de beaucoup d'ennuis avec ça !"
Cela signifie-t-il que nous devons éviter la société impie dans laquelle nous vivons ? Mieux vaut ne pas avoir de contact avec les infidèles ?
Ces dernières années, les médias ont rapporté à maintes reprises que les parents n'envoyaient pas leurs enfants à l'école parce qu'ils préféraient leur enseigner eux-mêmes. Les parents voulaient protéger leurs enfants contre les influences impies. Parce que les enfants avaient plus affaire aux sorcières et aux vampires qu'à Dieu. Ou parce qu'ils ont dû écouter des blagues obscènes et des jurons dans la cour de l'école. Mais en Allemagne, il est interdit d'enseigner aux enfants à la maison. C'est pourquoi les enfants ont été enlevés à leurs parents.
La famille Romeike de la ville souabe de Bissingen lui appartient. Ils ont retiré leurs cinq enfants de l'école pour leur enseigner eux-mêmes à la maison. Après de nombreux problèmes avec les autorités et la police, ils ont émigré aux États-Unis.
Si vous lisez maintenant le Psaume, vous pourriez avoir l'impression que tous les parents chrétiens devraient le faire. Je ne veux pas jeter des pierres aux parents comme ça. J'ai du respect pour leur foi constante. Mais cela ne peut pas être une norme pour tous les chrétiens. Car la Bible ne nous enseigne pas qu'en tant que chrétiens nous devons nous isoler des incroyants. Jésus ne l'a pas fait non plus. Il a rejoint les pécheurs. Et il a prié le Père pour nous Jean 17:15 :
"Je ne vous demande pas de la retirer du monde, mais de la garder du mal."
Oui, il est important que nous comprenions dans une certaine mesure le monde dans lequel nous vivons aujourd'hui. Ce n'est que de cette façon que nous pouvons gérer notre temps et aider d'autres personnes dans leur situation.

Le verset de notre psaume veut nous dire
"Ne soyez pas tenté par le peuple impie ! Ils ne peuvent pas être vos conseillers de vie ! N'acceptez pas leur niveau de vie !"
Mais maintenant, je dois d'abord clarifier qui la Bible appelle les **impies.** Ce ne sont pas principalement les athées. Elles n'existaient guère en Israël à l'époque. Au lieu de cela, la Bible décrit comme athées les gens qui ne se soucient pas des commandements de Dieu. Les humains autonomes. Ceux qui vivent selon leur propre niveau de vie !
De telles personnes peuvent aussi parler pieusement et aller à l'église. Mais en même temps, ils peuvent tromper la compagnie d'assurance. Mentir pour prendre l'avantage. Se battant impitoyablement pour leur avantage. Ou vivre ensemble sans être mariés. Ils interprètent la Bible d'une manière qui est à leur avantage. Nous devons faire attention à ces personnes. Ce sont les méchants.

La Bible nous en avertit encore et encore !
Pourquoi ces gens sont-ils particulièrement dangereux ?

- Parce qu'ils prétendent être des croyants, mais dans leur coeur ils ne veulent pas être des croyants du tout.
- Ils ne vivent pas pour Dieu, mais pour leur égoïsme. Les conseils qu'ils vous donnent ne correspondent pas toujours à la Bible. Ils vous disent comment gagner beaucoup d'argent rapidement. Comment tu peux trahir les autres sans qu'ils le sachent. Comment tu peux tromper ton conjoint sans qu'il le sache. Comment vous pouvez vous créer des avantages terrestres.

Sa devise dans la vie est : " On ne vit qu'une fois. Tu dois tout essayer. Ne ratez rien."

Toute personne qui s'engage dans une telle consultation entre dans le **chemin du péché**. Et le chemin du péché mène à **s'asseoir** avec les **moqueurs**. Ce sont ceux qui parlent négligemment de tout ce qui est saint.
Remarquez-vous le plan incliné montré ici ? D'abord, tu écoutes le conseil impie. Alors on entre dans le chemin du péché. Et le moyen est de se sentir à l'aise avec les moqueurs.
D'abord vient le **conseil**, puis le **chemin**, puis la **séance**.
D'abord tu vas vers les **méchants**, puis tu deviens un **pécheur** et ensuite un **moqueur**.
Un chrétien est au courant de ce danger. C'est pourquoi il se détourne résolument de ce conseil. Et faites ce qui est écrit au verset 2 :

"Mais prenez plaisir à la loi de l'Éternel, et méditez sa loi jour et nuit."

Personne n'a la **soif de la** Bible en eux depuis la naissance. Cette luxure doit d'abord vous être donnée par Dieu. Et bientôt, l'inertie humaine revient. L'apathie. D'autres choses deviennent plus importantes. C'est pourquoi il est si important d'établir un temps fixe pour prier et lire la Bible. C'est ce qu'on appelle le temps du silence. Certains le font dès qu'ils se lèvent. Je le ferai après le petit déjeuner. Car une fois que la routine quotidienne a suivi son cours, il est difficile pour Dieu de trouver le temps de s'arrêter !

Au verset 2, celui qui médite **"jour et nuit"** sur la Parole de Dieu est félicité. "Jour et nuit" signifie aussi souvent que possible. Régulièrement. Il ne suffit pas de lire un verset chaque jour et d'y penser. Il ne me suffit pas de survoler rapidement un passage de la Bible. Il est important que nous laissions consciemment la Parole de Dieu couler dans nos cœurs. Aussi pendant la journée, souvenons-nous de Jésus et de sa parole !
En réfléchissant sur la Parole de Dieu, nous traitons intérieurement la

nourriture spirituelle. De cette façon, la puissance nourricière de la Parole entre dans notre cœur et dans notre vie.
Celui qui mâche la Parole de Dieu intérieurement ne tombera pas si facilement dans le conseil des méchants. Ni fouler le chemin des pécheurs ! Et plus la convoitise pour la Parole de Dieu devient grande, plus la convoitise pour le péché se perd. De cette façon, on devient capable de faire le bien et de penser le bien !

Le grand homme d'affaires John Wanamaker, a fait une grande fortune dans sa vie. Il a dit : " Bien sûr, au fil des ans, j'ai fait de plus grosses affaires qui ont augmenté mes avoirs, qui se chiffrent en millions. Mais j'ai fait la plus grosse affaire de ma vie quand j'étais un petit garçon de 11 ans :
Dans une petite école du dimanche, j'ai acheté une bible avec une couverture en cuir rouge. Je les ai payés par petits versements. Et quand je regarde ma vie jusqu'à aujourd'hui, je me rends compte que ce petit livre a été la base sur laquelle j'ai construit ma vie. Cette Bible m'a permis de faire dans ma vie tout ce qui a une vraie valeur. Aujourd'hui, je sais qu'il s'agit du plus gros investissement et de l'achat le plus important et le plus important que j'ai jamais fait ".
Une personne qui fait de la Bible le fondement de sa vie réussira dans la vie. Elle se révélera bien et portera ses fruits. Ceci est expressément promis au verset 3 :

"Il est comme un arbre planté au bord des rivières d'eau, qui porte du fruit en sa saison, et dont les feuilles ne se fanent pas. Et ce qu'il fait, je suppose, c'est ce qui marche."

Pourquoi plantez-vous des arbres dans un jardin ? Parce que vous voulez qu'ils portent des fruits !
Aucun arbre ne porte de fruits toute l'année sans interruption. Chaque arbre a **son époque** où il porte des fruits. Les cerises mûrissent plus tôt que les prunes. Ainsi, un chrétien porte aussi des fruits en son temps. Au moment que Dieu a fixé !
Il y a différents fruits. Ils s'épanouissent à différents moments de notre vie. Une jeune personne dynamique ne porte pas les mêmes fruits qu'une personne âgée alitée.
Il y a des moments où nous pouvons travailler avec nos mains et faire du bien aux autres par un travail pratique. Tu ne peux pas faire ça à un âge avancé. Mais un chrétien plus âgé peut porter du fruit avec sa langue parce qu'il peut transmettre de bonnes expériences de sa vie pratique.
Un enfant donne une partie de son argent de poche pour la cause de Dieu. Quand il devient fonctionnaire, il peut fournir de plus grandes sommes d'argent à Dieu.
Certaines natures positives ne se développent en nous qu'à son époque.

Avec Dieu, tous les fruits ont la même valeur. Tu ne devrais pas rivaliser avec les autres pour ça. Il vous suffit de porter le fruit qui est possible en votre temps !
Ce qui est important est que vos racines sont dans le sol spirituel. Que de la Parole de Dieu ils donnent à votre vie les nutriments nécessaires. Ensuite, il y a les fruits.
Et les **"feuilles ne se faneront pas".** L'amour, la joie, la paix, la foi, la loyauté, la bonté, etc. ne s'arrêtent pas ! Même vos simples paroles, que vous transmettez aux autres au nom de Jésus, ne s'effacent pas. Ils porteront du fruit !

Oui, il y a une grande promesse ici : **"Ce qu'il fait, il l'obtient."** Il ne s'agit pas d'une vie pleine de prospérité. Dieu ne nous a pas promis cela. Il y a suffisamment de textes bibliques qui nous disent que les impies sont parfois mieux lotis que les croyants. Le verset 3 parle d'une vie qui est selon la volonté de Dieu. C'est une vie basée sur les commandements de Dieu. C'est probablement parce que Dieu peut faire entrer une telle personne dans son bon plan. Ici, les chrétiens reconnaissent leur sens dans la vie.
Une vie bien tournée, n'est pas une vie où tout se déroule sans heurts et sans obstacles. mais une vie que Dieu peut utiliser pour sa gloire. Une telle vie a un sens. Et il porte beaucoup de fruits, qui seront révélés dans l'éternité. C'est donc le mode de vie !
Et maintenant, le Psalmiste nous indique l'autre chemin.

2. Le chemin de la perdition

Verset 4+5 : "Mais ce ne sont pas les méchants qui sont ainsi, mais la paille dispersée par le vent. Par conséquent, les méchants n'existent pas dans le jugement, ni les pécheurs dans la congrégation des justes.

Les gens qui n'ont pas mis leurs racines dans la Parole de Dieu ne sont pas des arbres. Ils ne portent pas de fruits. Ils sont comparés ici avec la **paille.** La paille, c'est-à-dire l'enveloppe extérieure sèche dans laquelle le grain de blé est stocké. Cette coquille est immangeable. Se coincer dans la gorge et se gratter. Il faut donc séparer les balles du blé.
Dans les temps bibliques, cela se faisait de la manière de battre les grains de blé avec un fléau. Puis les grains de blé ont été projetés avec une pelle. Les lourds grains de blé tombaient sur le sol et la balle légère était emportée par le vent !
C'est une photo intéressante. Tant que le jour du jugement de Dieu n'est pas encore venu, la paille peut rester sous le blé. Elle peut aussi s'accrocher fermement au blé. Mais quand le jour du jugement de Dieu arrive, la paille n'a aucune chance de rester sous le blé. De telles personnes ne seront pas capables

de se justifier devant Dieu. Ils auront honte pour toujours. C'est ce que dit Daniel 12:2 :
"Ceux qui dorment sous la terre se réveilleront, les uns pour la vie éternelle, les autres pour la honte et le déshonneur éternels."
Jésus dit la même chose dans Jean 5:28+29 :
"Ne soyez pas surpris. Car l'heure vient où tous ceux qui sont dans les sépulcres entendront sa voix et sortiront, ceux qui ont fait le bien, à la résurrection de la vie, et ceux qui ont fait le mal, à la résurrection du jugement.
Certains impies vivent dans ce monde dans la précipitation. Ils lui confèrent un grand prestige. Mais du point de vue de Dieu, ils sont sans valeur. Ils ne portent pas de fruits parce qu'ils ne sont pas réconciliés avec Dieu. Et ne pas avoir leurs racines de vie dans la Parole de Dieu ! Ils sont pour la cour ! Ils n'ont pas accepté la grâce de Dieu, ainsi ils ne recevront aucune grâce dans le jugement !

Notre psaume se termine maintenant en plaçant les deux chemins côte à côte au verset 6 :

> "Car le Seigneur connaît la voie du juste, mais la voie du méchant passe."

Si Dieu **sait** quelque chose, cela signifie que Dieu s'identifie à elle. Que Dieu l'aime. Et si Dieu l'aime, il le protège et l'accompagne.
Dieu ne connaît pas la voie des méchants. Dieu sait pour lui. Mais il ne s'identifie pas avec lui. Il ne l'aime pas. C'est pourquoi on ne trouve pas Dieu sur ce chemin. Et Dieu ne bénit pas les gens qui sont sur ce chemin ! Dieu ne laisse pas les gens porter du fruit de cette manière ! L'homme est laissé à lui-même sur le chemin de l'impiété. Son chemin le conduit au jugement de Dieu. Et avec ça, à la damnation éternelle !

Le message du jugement à la fin du psaume ne doit pas être compris comme un simple message de menace. Mais comme une invitation à Jésus ! Car personne n'a vécu le Psaume 1 plus parfaitement que Jésus.

- Jésus a vécu parmi les méchants, mais il n'est pas entré dans leur chemin.
- Il a vécu dans la Parole de Dieu jour et nuit et n'a jamais manqué un seul commandement.
- Avec toute sa vie, il a porté beaucoup de fruits pour le Père.

Il a fait tout ça pour toi et moi. Il veut nous donner gratuitement sa vie pleinement vécue !
Acceptez la vie de Jésus et ensuite placez-vous sur le chemin de la vie !
Soyez un arbre qui se nourrit de la puissance nourricière de la Parole de Dieu !
Alors votre vie réussira et portera beaucoup de fruits pour l'éternité. Et vous n'entrerez pas dans le jugement de Dieu, mais vous entrerez dans la vie éternelle !

Psaume 2

QUI EST LE RESPONSABLE ?

1 Pourquoi les nations s'irritent-elles et se plaignent-elles en vain ?

2 Les rois de la terre se révoltent, Et les seigneurs se concertent contre
l'Éternel et son oint :

3 "Brisons leurs liens, et jetons leurs cordes."

4 Mais celui qui demeure dans les cieux se moque d'eux, et le Seigneur se
moque d'eux.

5 Un jour il leur parlera dans sa colère, et avec sa fureur il les effrayera :

6 "Et j'ai établi mon roi sur ma montagne sainte, Sion."

7 Je ferai connaître la parole de l'Éternel. Il m'a dit : " Tu es mon fils,
aujourd'hui je t'ai engendré.

8 Demande-moi, et je te donnerai des nations en héritage, et des extrémités
du monde en propriété.

9 Tu les briseras avec un sceptre de fer, comme tu briseras les pots."

10 Maintenant donc, rois, soyez sages, et soyez avertis, juges de la terre.

11 Servez l'Éternel avec crainte, Et baisez ses pieds avec tremblement

12 Qu'il ne s'irrite pas, et que vous périssiez dans la voie ; car sa colère
s'enflammera bientôt. Heureux ceux qui lui font confiance !

Qui est le responsable ?

L'écrivain américain de non-fiction Catherine Marshall, a découvert quelque chose de très beau :
" Aucun d'entre nous n'a contribué à sa naissance, aucun d'entre nous n'a contribué à ce que nous devenions des hommes ou des femmes, des Japonais, des Russes ou des Allemands, des blancs ou des jaunes ou des noirs. Nous avions aussi peu d'influence sur nos ancêtres que sur notre constitution mentale ou physique. Depuis notre naissance, un système nerveux autonome contrôle toutes les fonctions vitales. Une force que personne ne comprend vraiment assure que notre cœur bat, nos poumons respirent, notre sang circule, notre température corporelle est de 36,7°C. La petite planète Terre est à la bonne distance - 147 à 151 millions de kilomètres - de sa source de chaleur et de lumière. Quelques kilomètres plus près et nous serions détruits par le rayonnement solaire ; quelques kilomètres plus loin et nous serions exposés à une mort glaciale. Le rapport entre l'oxygène et l'azote dans l'air est tout à fait adapté à la vie sur terre, tout comme la composition du sol et la création de la

fine croûte terrestre en général. Tout cela est possible sans la moindre partie de l'homme, qui se pavane à la surface de sa terre avec confiance et enthousiasme.
Catherine Marshall a raison. Nos vies dépendent d'innombrables facteurs que nous n'avons pas créés. Et pourtant, l'humanité agit comme si elle avait la vie sous contrôle ! Le psaume d'aujourd'hui expose cette folie. Et il nous montre qui est vraiment en charge du monde.

1. Le message des peuples

Sans titre ni introduction, nous commençons par une question, versets 1-3 :

"Pourquoi les païens se déchaînent-ils et les nations murmurent en vain ? Les rois de la terre se rebellent, et les Seigneurs se concertent entre eux contre l'Éternel et son oint : " Brisons leurs liens, et jetons leurs cordes.

L'écrivain ne s'attend pas à une réponse à sa question. La question n'est qu'une expression de surprise. Parce que l'homme devrait comprendre à un moment donné à quel point il est petit et impuissant. Que tout ce qu'il a ne lui est prêté que pour une courte durée. Les dons, la santé, la propriété peuvent être gérés tout au plus pendant quelques décennies. Et puis il y en a d'autres. Ce qui suit est très incertain. La plupart du temps, la génération suivante détruit tout ce qui a été laborieusement construit. Et dans les cas où elle ne l'est pas, le travail et l'honneur du fondateur s'estompent quelques décennies plus tard.
Que sont devenus les puissants empires des Égyptiens, des Assyriens, des Babyloniens, des Perses, des Grecs, des Romains, des Incas, des Mayas, des Aztèques et de nombreux autres empires ? Seuls les archéologues s'occupent d'eux et creusent leurs décombres.
Que sont devenus les puissants dictateurs qui ont terrifié le monde, tels que Napoléon, Hitler, Staline, Mao Tse Tung ? Ils parlent d'elle avec dégoût aujourd'hui !
Aujourd'hui, nous voyons les grands hommes d'État, les prix Nobel, les auteurs à succès, les acteurs, les musiciens. Ils apparaissent devant les caméras en marche, dans l'orage des flashes des photographes. Ce faisant, ils expriment leur point de vue. Ce qu'ils disent façonne les pensées et les sentiments de la génération actuelle. Mais bientôt, personne ne la connaîtra. D'autres prennent leur place. Ils feront encore de nouvelles revendications. Mais l'humanité ne sera pas plus heureuse. Pourquoi ça ?
Le verset 2 nous donne la réponse sobre à cela :

- Car ce qu'ils disent et font est une déclaration de guerre contre Dieu et son Jésus oint !

Celui qui ne veut pas voir que Dieu dirige le monde et ne veut pas se soumettre à lui, lutte contre Dieu. Et c'est pourquoi ce n'est pas un succès durable !

C'est une chose dont tous ceux qui luttent actuellement contre les commandements de Dieu et qui veulent introduire une nouvelle façon de penser devraient prendre bonne note. Ils veulent une Europe unie sans Dieu. Dieu ne devrait plus être mentionné dans la Constitution européenne. Les racines chrétiennes sur lesquelles l'Europe s'est appuyée pendant des siècles devraient être supprimées. On veut se libérer de l'idée de devoir fonder une famille traditionnelle. La carrière professionnelle devrait être ouverte aux femmes. La satisfaction sexuelle avec des partenaires changeants devrait devenir normale. Quiconque s'oppose aux partenariats entre personnes de même sexe devrait être condamné pour discrimination !
Les partis vert et rouge ont décidé de promouvoir davantage les différents styles de vie sexuelle dans les cours à l'école. Parce que les chrétiens ont lancé une campagne contre ce nouveau plan d'éducation, les Verts appellent les deux églises chrétiennes à prendre leurs distances par rapport à cette initiative. Parce qu'il favorise les préjugés contre les minorités de manière incendiaire !
Mais qui se précipite par ici ? Est-ce vraiment les chrétiens ?
Une nouvelle façon de penser et de sentir devrait être imposée à la nouvelle génération. L'homme devrait être heureux sans les commandements de Dieu. C'est exactement ce que nous lisons au verset 3. Voici une citation des peuples rebelles :

"Brisons leurs liens et jetons leurs cordes !"

L'humanité ne devrait pas être liée à Dieu et à ses commandements. Dieu et ses commandements sont pour eux des **cordes** qui les maintiennent attachés. Ils veulent la liberté. La liberté de pratiquer librement tous les péchés. Ils veulent être leurs propres dieux !
Pourtant, Dieu et ses commandements sont le **lien** qui nous donne la vie et la liberté. Mais l'homme veut être libéré de ce lien. Les gens ne veulent pas avoir des normes fixes. Ils préfèrent s'orienter à la situation actuelle. De là, ils décident de ce qui est bon pour eux !
La conséquence est que beaucoup sont en insécurité, ne savent pas quoi choisir, ne prennent pas leurs responsabilités et tombent dans les griffes de gens forts et se lient à eux !
L'Antéchrist en profitera une fois. Il liera l'humanité à lui-même. Et il deviendra leur substitut de Dieu. Toute l'humanité l'applaudira. Car il va enfin les libérer de Dieu !
Que dit Dieu à propos de tout ça ?

2. Le message du Père

Versets 4-6 : "Mais celui qui habite dans les cieux se moque d'eux, et l'Éternel se moque d'eux. Un jour, il leur parlera dans sa colère, et avec sa fureur il les terrifiera. "Mais j'ai placé mon roi sur ma montagne sacrée, Sion.

Dieu n'est pas troublé dans sa paix quand il voit les gens délirer. Il trouve juste ça drôle quand il entend des gens qui essaient de l'en dissuader. Et sans Dieu et ses commandements, cherchez leur bonheur. C'est aussi exaltant que la scène où les petits enfants essaient de renverser leur papa !
Mais ce petit jeu exaltant des humains prendra fin un jour. Et puis plus personne ne rit. Le jour vient où Dieu va affronter ces gens. Alors vous verrez ce que valent ses manières insolentes. Ce qui n'est rien ! Ils peuvent planifier et réaliser ce qu'ils veulent sans Dieu. Mais ils n'atteindront pas leur destination !

En tant que chrétien, il y a autre chose que vous devriez savoir :

- Tout ce que les gens planifient contre Dieu, Dieu l'utilisera à la fin pour ses bons desseins !

Pensez à Pharaon. Il pensait que si tous les nouveaux-nés des Israélites étaient tués, alors Israël cesserait d'exister et il garderait son pouvoir. Et que s'est-il passé ? Un jour, sa propre fille rentre à la maison, amène un garçon israélite dans son palais et le laisse grandir avec Pharaon. Le pharaon prévoit le fait que cet enfant est éduqué et formé et devient à la fin son grand adversaire. Israël devient libre et l'Égypte est jugée. Dieu n'a pas ri et s'est moqué de ça ?
C'était tout aussi drôle quand Haman voulait éliminer Mardochée et les Juifs. A la fin, les Haman ont dû honorer Mardochée, et finalement il a été tué. Mais les Juifs ont acquis une grande estime !
Ainsi rit et se moque de Dieu des plans impies des hommes !
Il en sera de même à la fin des temps lorsque le monde entier se battra contre les chrétiens et les juifs. Puis Jésus revient. Et les nations en colère périront en un instant !

Dieu peut dire cela si sûrement parce que le roi du monde entier est déjà assis sur le trône. C'est ce que nous lisons au verset 6 : **" Le mont sacré de Sion "**, est le mont du Temple à Jérusalem. Dieu a choisi cet endroit comme siège de son gouvernement sur terre. D'ici, il contrôle les événements les plus importants de l'histoire du monde. Ici se tenait le temple avec l'Arche d'Alliance. Dans cette ville régnaient les rois de Judée, les précurseurs du Messie. Dans cette ville, le salut du monde entier est arrivé. Pour cette ville, tous les peuples de la terre se battront un jour et mourront. Jésus entrera dans cette ville quand il reviendra pour installer son trône. Et toutes les nations iront en pèlerinage vers lui dans cette ville !
Du point de vue de Dieu, l'histoire du monde s'est déjà produite. Dieu a déjà désigné son Roi, Jésus-Christ. Alors pourquoi les nations sont-elles encore en colère ?

Pour que chacun puisse entendre qui tire les ficelles de la politique mondiale, Dieu laisse le roi lui-même parler dans les versets suivants.

3. le message du Fils

Versets 7-9 : " Je vais annoncer le conseil de l'Éternel. Il m'a dit : " Tu es mon fils, aujourd'hui je t'ai engendré. Demandez-moi, et je vous donnerai des nations en héritage et des extrémités du monde en possession.
Tu les briseras avec un sceptre de fer, tu les briseras comme des pots.

Qui est celui qui prononce ces paroles solennelles ?

- C'est l'oint de Dieu, le Messie, le Christ. Le roi éternel que Dieu a établi sur toutes les nations !

Même avant que Dieu ait créé le monde, il a désigné son fils, Jésus-Christ, comme le Sauveur du monde. Au roi éternel. Le premier Pierre 1:20 dit :
"*Il* (Jésus) a été *annoncé avant la fondation du monde, mais à la fin des temps, révèle-le à cause de toi.*
Dieu a décidé que son Fils devait régner sur toute la création. Et tout s'est passé comme Dieu l'avait prévu !

Bien sûr, Dieu n'a pas **engendré** Jésus au sens humain du terme. Il s'agit plutôt d'une expression picturale pour l'investiture de la fonction. Il y eut un jour dans l'éternité où Dieu le Père dit ces paroles solennelles au Fils. Et quand Jésus a donné son oui pour être le Rédempteur et le Roi du monde entier, Dieu l'a mis dans cette tâche. Engagé !
Cependant, le fils devrait continuer à dépendre du père. Il ne doit rien faire sans son père. Il est censé lui parler de toutes les affaires du gouvernement. Et s'il veut quelque chose, qu'il le **demande** au père !
Regardez : les peuples de la terre nient Dieu et prennent tout. Mais le Fils de Dieu demande et il reçoit. Jésus se rend dépendant du Père dans la prière !
Comment tu fais ? Que faites-vous quand vous voulez quelque chose ? Tu vas juste le prendre, ou tu vas le demander à Dieu ?
Fais comme Jésus :

- Tu as besoin d'amour ? Alors s'il vous plaît, Dieu !
- Tu as besoin de sagesse ? Alors s'il vous plaît, Dieu !
- Tu dois prendre une décision ? Alors s'il vous plaît, Dieu !
- Vous avez besoin de force pour résoudre un problème ? Alors demandez la puissance de Dieu !

C'est la façon dont Jésus nous a montré. Et si vous suivez ses traces, vous arriverez là où se trouve Jésus. Gracieuse !

Jésus revient. Il vient pour établir son royaume sur terre de façon visible. Il

possède le monde entier. Il a demandé au monde du Père et il l'a reçu. Jésus dit dans Jean 5:19+20+23 :
"Le Fils ne peut rien faire de son propre chef, mais seulement ce qu'il voit faire par le Père... Le Père ne juge personne, mais il a donné tout jugement au Fils, afin que tous honorent le Fils comme ils honorent le Père. Celui qui n'honore pas le Fils n'honore pas le Père qui l'a envoyé."
Par ces paroles, Jésus montre clairement qu'il est celui dont on parle ici dans le Psaume 2 :

- Il a été nommé par le père.
- Il est dépendant du père en tout.
- C'est lui que tous les hommes devraient honorer.

Celui qui veut honorer Dieu ne peut le faire que par Jésus ! C'est seulement quand vous honorez Jésus que vous honorez Dieu ! Si vous n'acceptez pas Jésus comme votre Sauveur, ne le remerciez pas, ne l'adorez pas, ne l'aimez pas, alors vous pouvez croire dans le Seigneur Dieu autant que vous le voulez. Rien ne compte pour Dieu. Et Jésus sera votre juge, comme il est décrit ici au verset 9 dans une image éclatante. Il est dit ici que Dieu le Père a donné toute autorité de jugement au Fils. Jésus jugera le monde !

Mais quiconque accepte maintenant Jésus comme son Sauveur personnel n'a pas du tout à craindre le verset 9. Parce que la cour n'est plus son affaire !
Celui qui a Jésus est libre de tout jugement !
Jésus est le Seigneur du monde !
Pensez à la tentation de Jésus dans le désert. Alors le diable fit à Jésus la même offre que Dieu le Père ici dans le Psaume. Jésus aurait pu demander au diable, et il aurait obtenu tous les royaumes du monde. Et Jésus n'a pas eu à aller sur la croix. Il aurait été épargné par cet horrible voyage. Mais Jésus resta fidèle à son père. Il n'a pas demandé les nations à Satan, mais au Père. Il l'a fait parce qu'il ne se regardait pas lui-même, mais son père, et vous et moi. Il nous aime tellement, toi et moi, qu'il s'est laissé torturer sur la croix pour nous libérer du jugement de Dieu !
Et le matin de Pâques, Jésus nous a montré à tous que le diable est vaincu. Maintenant, Jésus règne sur toutes les nations. Il les a demandés au père et les a reçus. Et il les a libérés de toute culpabilité par son sang !

Le verset 9 n'est pas encore accompli. Le jour où Jésus reviendra. Alors il **écrasera** tous ceux qui ne s'inclineront pas sous son pouvoir. La fière rébellion du peuple contre Dieu et Jésus sera en ruine à la fin !

Mais avant que cela n'arrive, le Père et le Fils ont envoyé le Saint-Esprit dans le monde avec le message suivant

4. Le message de l'Esprit Saint

Versets 10-12 : "Soyez donc sages, rois, et avertis, juges de la terre. Servez l'Éternel avec crainte, et baisez ses pieds avec tremblement, de peur qu'il ne s'irrite et que vous ne périssiez en chemin ; car sa colère s'enflammera bientôt. Bénis soient ceux qui ont confiance en lui !"

C'est le message qui a été transmis à tous les peuples de la terre depuis la Pentecôte. Toutes les personnes puissantes sur cette terre devraient reconnaître que Jésus-Christ dirige le monde. Et il jugera le monde !
Il est encore temps de comprendre et de se retourner. Car nous vivons encore dans le temps de la grâce. Celui qui accepte Jésus et le sert a déjà la vie éternelle aujourd'hui !
Dans 1 Jean 5:12 il est dit :
"Celui qui a le Fils a la vie ; celui qui n'a pas le Fils de Dieu n'a pas la vie."
Ainsi, quiconque reçoit Jésus échappe au jugement !

Un évêque russe, qui avait été exécuté pour sa foi, s'est tourné vers son peloton d'exécution et leur a crié :
"Adieu, mort, je vais chez les vivants !"
Oui, celui qui a Jésus peut être sûr qu'il a la vie éternelle. Et la mort est l'entrée de la vie. C'est pourquoi, à la fin du psaume, on félicite celui qui a confiance dans le Fils de Dieu !
C'est seulement dans le Fils que l'homme est à l'abri de la colère de Dieu. La confiance en Jésus est notre bonheur. Il dirige le perchoir dans ce monde. Ce n'est pas le message des nations qui est décisif, mais le message du Père, du Fils et du Saint-Esprit !

Psaume 3

UN BON SOMMEIL MALGRÉ UNE SITUATION DE VIE DIFFICILE

1 Psaume de David, lorsqu`il fuyait devant Absalom, son fils.

2 Éternel, combien sont mes ennemis, et combien se lèvent contre moi !

3 Beaucoup disent de moi qu'il n'a pas de secours auprès de Dieu. SELA.

4 Mais toi, Éternel, tu es pour moi un bouclier ; Tu es ma gloire, et tu lèves ma tête.

5 Je crie à l`Éternel de ma voix, Et il m`écoute de sa montagne sainte. SELA.

6 Je me couche, je dors, et je me réveille ; car l'Éternel m'a gardé.

7 Je n'ai pas peur de plusieurs milliers de personnes qui sont toutes contre moi.

8 Lève-toi, Éternel, et aide-moi, mon Dieu ! Car tu frapperas sur la joue tous mes ennemis, Et tu briseras les dents des méchants.

9 Avec l'Éternel, il y a un secours. Que ta bénédiction vienne sur ton peuple ! SELA.

Un bon sommeil malgré une situation de vie difficile

Savez-vous pourquoi les Frisons de l'Est prennent une pierre, une allumette et un mètre ruban au lit avec eux ? Avec la pierre, ils éteignent la lumière. Avec l'allumette, ils vérifient si la lumière est éteinte. Avec le ruban à mesurer, ils mesurent la profondeur de leur sommeil !

Le sommeil profond - beaucoup de gens en ont envie. 1/4 des Allemands souffrent de troubles du sommeil. C'est alarmant. Parce que l'insomnie est un terrible tourment émotionnel.
Les chercheurs du sommeil ont identifié 88 tueurs du sommeil différents jusqu'à présent. Ces derniers comprennent :
Problèmes professionnels, problèmes de mariage, fièvre de voyage, froid, mauvais matelas, café, thé, coke et autres stimulants...
Le sommeil, en revanche, peut être amélioré par le sport et beaucoup de lumière du jour.
Le psychologue de Ratisbonne Jürgen Zulley dit que trop de gens ignorent une loi fondamentale de la nature humaine : " Le jour signifie activité, la nuit signifie repos. Celui qui renverse cette loi naturelle n'a pas à se demander pourquoi il dort mal !
Dans le sommeil, les souvenirs, les pensées et les sentiments sont ordonnés.

Tout ce que nous voyons, expérimentons et apprenons pendant la journée laisse des traces dans le cerveau. Si toutes ces traces devaient rester désordonnées dans le cerveau, celui-ci serait désespérément surchargé. Le but du sommeil est de réduire les connexions à un niveau raisonnable.
Lorsque quelqu'un dort mal, de nombreux processus se mélangent. C'est pourquoi les personnes souffrant de problèmes de sommeil chroniques ont tendance à avoir un excès de poids et des sautes d'humeur. Ils sont plus sensibles aux infections et ont un risque accru de devenir des malades chroniques. On se concentre mal, on est distrait, on oublie et on manque d'imagination.
Jürgen Zulley dit très brièvement : "Le manque de sommeil fait grossir, rend stupide et malade."

Le sommeil est un grand don de Dieu. Un sommeil suffisant vous maintient en forme, vous rend sage et vous garde en bonne santé !

Dans le psaume d'aujourd'hui, le roi David nous donne une expérience de sa vie.
Il raconte ici comment c'était avec lui quand il était dans une situation difficile. Et comme il a été surpris quand il a réalisé que malgré sa situation tendue, il sortait du lit le matin bien reposé.
Nous allons maintenant examiner de plus près cette expérience.

Le psaume 3 porte le titre de verset 1 :

> "Un psaume de David alors qu'il fuyait son fils Absalom."

Ici, le mot **"psaume"** apparaît pour la première fois dans le Livre des Psaumes. Le mot hébreu ici est "mizmor". Ça veut dire "pincer les cordes". Donc c'est un arracheur de ficelle de David. Une prière de David, qu'il a transformée en un chant. On pourrait l'accompagner sur la harpe. Il ne nous a pas donné les partitions. Ils n'ont pas été inventés à l'époque. C'est pourquoi nous ne connaissons plus les mélodies des psaumes.

David a prié ce psaume dans une situation extrêmement difficile. Son **fils Absalom a** organisé un coup d'état contre lui. Absalom était un homme impressionnant et beau. Il devait avoir une personnalité gagnante. Il a prétendu qu'il travaillerait pour la justice quand il est arrivé au gouvernement. Mais c'était juste son masque qu'il utilisait pour tromper les gens. Au fond, c'était un narcissique. Un homme amoureux de lui-même, qui a trompé les gens pour les rendre soumis à lui-même !
Pendant quatre ans, il a gagné la sympathie populaire et en même temps a jeté le discrédit sur son père. Finalement, il s'est laissé proclamer roi d'Israël. Pour éviter le carnage à Jérusalem, David s'est **enfui**.

Dans une situation aussi terrible, David devrait maintenant faire face à des nuits d'insomnie. Mais il dit dans notre psaume qu'il peut bien dormir. Quel était son secret ? Notre psaume dit que David fait quatre choses :

1. Je vois

Versets 2+3 : " Éternel, combien sont mes ennemis, et combien se lèvent contre moi ! Beaucoup disent de moi : Il n'a pas d'aide de Dieu. SELA."

David regarde la réalité en face. Il n'édulcore pas la gravité de la situation. Il ne fuit pas non plus dans un monde de fantaisie religieuse. Mais il déverse honnêtement son coeur devant Dieu. Il prononce devant Dieu ce qui le pousse presque au désespoir. En d'autres termes, dit-il :
"Oh mon Dieu, y a-t-il beaucoup de gens qui sont contre moi ! Voilà le chimi qui m'a jeté des pierres tout à l'heure. Il m'a crié dessus et a dit ce que beaucoup de gens pensent de moi. Ses paroles résonnent encore dans ma tête : *" Dehors, dehors, limier, homme malfaisant ! L'Éternel a fait retomber sur toi tout le sang de la maison de Saül, à la place de laquelle tu as été fait roi. L'Éternel a remis le royaume entre les mains de ton fils Absalom, et voici que tu es maintenant dans ton malheur, car tu es un limier...* (2 Samuel 16:7) Éternel, la bénédiction que tu m'as donnée, à moi et à ton peuple, va maintenant s'inverser. L'homme que vous avez choisi, et qui a délivré Israël de tous les ennemis, est maintenant déclaré être le limier. A un homme qui est conduit par des motifs bas et qui agit sans scrupules ! Et il y a l'Ahitofel. Il était mon meilleur conseiller. Un homme dont je pouvais toujours compter sur la parole. (2 Samuel 16:23) Et maintenant il se tient contre moi. Maintenant, il conseille Absalom sur la façon de me vaincre. Il remet en question mon appel à travers Dieu et essaie de le détruire. (2 Samuel 15:31) Les gens disent soudain que vous ne m'aidez plus. Si c'est vrai, alors je suis vraiment sans défense ! Tu as toujours été mon aide quand j'ai fui le roi Saül pendant des années. C'est vous qui m'avez aidé à libérer Israël des nations hostiles ! Vous m'avez aidé à conquérir la ville de Jérusalem et à la consacrer pour vous ! Par ton aide, Israël est revenu au vrai Dieu ! Pourquoi les gens tombent dans le bavardage diabolique d'Absalom que tu as détourné de moi ?"

David a dû prier quelque chose comme ça. C'est ce que l'on peut conclure de ses nombreuses prières qui nous sont transmises dans la Bible. Les prières de David sont toujours le meilleur exemple de la façon dont nous devrions prier. Dieu veut que vous affrontiez la réalité. Et puis vous allez dans la prière et dites ouvertement tout ce qui pèse sur votre cœur. La prière est un dialogue ouvert avec Dieu. Dieu veut qu'on le fasse. Parce que c'est ainsi que nous maintenons notre connexion avec Dieu. Et nous montrons à Dieu que nous lui faisons confiance pour l'aider dans les situations désespérées.

Alors si vous voulez bien dormir à nouveau, alors faites face à la réalité et amenez-la à Dieu dans la prière !

Maintenant une petite insertion pour les lecteurs intéressés de la Bible :
Au verset 3, le mystérieux mot **"SELA"** apparaît pour la première fois dans le Livre des Psaumes. Au total, la parole apparaît 71 fois dans le Psautier, et 3 fois dans le 3ème chapitre du livre de Habacuc. Personne ne sait ce que ce mot signifie. C'est probablement un signe pour la musique. Peut-être un interlude, ou un ton plus aigu, ou une répétition, ou plus rapide ou plus lent... Mais cela reste une supposition. Tant pis pour ça.
Maintenant, nous continuons à regarder ce que le secret de David était qu'il pouvait bien dormir dans sa situation tendue.

2. J'ai confiance

Versets 4+5 : " Mais toi, Éternel, tu es mon bouclier, tu es ma gloire, et tu lèves ma tête. J'appellerai l' Éternel de ma voix, et il m'écoutera de sa montagne sainte. SELA"

Le mot **"mais"** signifie beaucoup à ce stade. Avec ce mot, David mène à l'autre réalité. A la réalité invisible. David se rend compte que Dieu est vraiment avec lui. Que Dieu est sa protection personnelle. Les gens peuvent dire sans risque que David est abandonné par Dieu. David le sait mieux que moi. Il s'accroche à Dieu et à ses promesses !
C'est là que David prend le soi-disant **bouclier de la** foi, dont Paul parle dans Ephésiens 6:16 :
"Mais surtout, saisissez le bouclier de la foi avec lequel vous pouvez éteindre toutes les flèches enflammées du mal."
C'est ce que je fais lorsque les autres m'attaquent verbalement ou m'évitent. Je m'accroche à Jésus et je lui dis :
"Seigneur Jésus, ne me laisse pas seulement regarder ce que mes yeux voient et ressentent. Vous êtes mon avocat et ma force. Je ne peux pas voir ou sentir ça maintenant. Mais c'est tout aussi réel. Je reste fidèle et vous demande votre aide !"
Et puis je vois Jésus qui me guide. Parfois les tensions se relâchent très rapidement, parfois elles durent longtemps. Mais l'aide et les bonnes expériences de vie, je les gagne toujours !
Je peux seulement inviter tout le monde : Saisissez le bouclier de la foi. Accrochez-vous à la réalité invisible. Vit consciemment avec Jésus et s'attache à lui et à sa parole. Alors, suivez les bonnes expériences qui renforceront votre foi !

Quand David a fui son fils Absalom, il n'avait aucun honneur parmi le peuple. Les gens voulaient qu'il parte. Mais il dit à Dieu au verset 4 :

"Tu es mon honneur et tu me lèves la tête" !

Ceci aussi est le bouclier de la foi. David maintient que c'est son plus grand **honneur d'**avoir Dieu à ses côtés. C'est ce que David regardait. Et il croit fermement que Dieu restaurera sa gloire.
Et Dieu l'a fait plus tard. La rébellion d'Absalom a été écrasée. David est revenu au gouvernement !
Jusqu'à ce jour, David est un grand exemple et une grande aide pour nous parce qu'il a tenu Dieu en honneur. Si vous avez accepté Jésus dans votre vie, alors Dieu vous a aussi promis que vos prières seront exaucées. Vous êtes protégés par un berger aimant et puissant. Et à la fin, vous serez récompensé par de grands honneurs.
Il suffit de noter l'ordre que David nous montre ici : David est prêt à prendre le chemin difficile et humble. Ce faisant, il montre à Dieu son impuissance dans la prière. Plus tard vient l'augmentation.
Jésus a fait la même chose Philippiens 2:8+9 :
"Il s'est humilié et est devenu obéissant jusqu'à la mort, même la mort sur une croix. C'est pourquoi Dieu l'a exalté."
L'apôtre Pierre nous écrit la même chose dans la lettre 5:6 de 1 Pierre :
"Humiliez-vous donc sous la main puissante de Dieu, afin qu'il vous élève en son temps."
Dans chaque situation difficile, il vaut la peine de faire confiance à Jésus et de marcher humblement sur le chemin qu'il conduit. Accrochez-vous au fait que la route se terminera glorieusement ! Croyez en elle et en rien d'autre !

L'écrivain anglais Graham Greene écrit
"Les gens sont étranges : certains d'entre eux trouvent plus facile de croire à la puissance des étoiles qu'à celle de Dieu."
Les étoiles n'ont aucun pouvoir. Il est absurde de se fier aux horoscopes. Jésus seul a tout pouvoir dans le ciel et sur la terre. Et lui faire confiance en vaut toujours la peine !

David savait que Dieu répondrait à ses prières. **"De sa montagne sainte",** comme il le dit au verset 5. Ceci se réfère à la montagne de Jérusalem, où se trouvait l'arche d'alliance à cette époque. Le trône de Dieu ! C'était le secret de David. Son aide est venue directement du trône de Dieu. C'est pour ça qu'il a eu cette expérience :

3. Je me repose

Versets 6+7 : "Je me couche, je m'endors et je me réveille, car l'Éternel m'a gardé. Je n'ai pas peur des milliers de personnes qui s'opposent à moi.

David dit qu'il est très étonné :
"Je suis allé me coucher, je me suis endormi et je me suis réveillé à nouveau ! C'est comme ça que je sais que Dieu est avec moi !"
L'ennemi est toujours là. La situation ne s'est pas améliorée. Mais il sait :
"Dieu est avec moi ! Pour preuve, il m'a donné un bon sommeil et m'a enlevé ma peur !"
J'ai aussi fait l'expérience de la façon dont je pouvais dormir à des moments où les problèmes me pressaient ! C'est simplement la grâce de Dieu quand vous trouvez le sommeil dans les moments difficiles. Parce que j'ai moi-même passé des nuits blanches. Priez pour le défi ! C'est normal ! Mais bien dormir malgré les problèmes d'oppression est une grâce de Dieu. Un miracle ! Les miracles sont une conséquence de la confiance en Dieu.

Un avion de ligne commercial au-dessus de l'océan Pacifique a été pris dans une tempête et a été projeté d'avant en arrière comme un cerf-volant en papier. Les passagers sont devenus de plus en plus paniqués. Certains ont maudit, d'autres ont écrit et quelques-uns ont prié. Toutes sauf une femme. Un compagnon de voyage lui a dit : "Pourquoi n'ont-ils pas peur ?" La femme tourna la tête vers lui, laissa sa broderie couler et dit doucement : " Mon mari est le pilote de cet avion, et il est tout à fait capable de nous amener en toute sécurité à notre destination. L'avion a atterri en toute sécurité.
La femme avait une profonde confiance en son mari. Ça lui a donné le calme au milieu de la tempête !
Qui est votre pilote qui vous guide dans votre vie ? Si c'est le Dieu qui a fait le ciel et la terre et qui vous aime tellement qu'il a donné sa vie pour vous, alors vous pouvez rester calme et tranquille. Ton Dieu a tout sous contrôle. Il n'y a pas de tempête pour l'embarrasser !
Le secret de David, c'est qu'il a pu dormir dans son grand danger parce qu'il a fait face aux faits visibles. Et parce qu'il a fait face au fait invisible Et il savait que le fait invisible est plus puissant et lui profite ! C'est pourquoi il fuit vers la prière après le sommeil.

4. Je prie

Versets 8+9 : " Lève-toi, Éternel, et viens à mon secours, mon Dieu. Car tu frapperas sur la joue tous mes ennemis, et tu briseras les dents des méchants. Avec le Seigneur, on trouve de l'aide. Que ta bénédiction vienne sur ton peuple ! SELA."

David ne s'arrête pas à la confiance détendue. Parce qu'il a confiance, c'est pourquoi il crie avec d'autant plus de véhémence: "Aidez-moi ! Montre ton pouvoir !"

Si vous mettez votre confiance en Jésus, alors parlez à Jésus comme à David : "Jésus, fais-le maintenant ! Je suis trop faible. Mes ennemis sont sous votre responsabilité. Je vous laisse le soin de décider comment vous allez m'aider !" Et tu devrais le savoir : Jésus a déjà vaincu le plus grand ennemi, le diable. Il l'a en quelque sorte frappé sur la **joue pour** que ses dents explosent ! Donc, en tant que chrétien, vous avez affaire à un ennemi vaincu qui est sans dents ! Le diable peut encore vous effrayer. Mais il ne peut pas te manger. Il ne peut pas vous séparer de Jésus. Il ne peut pas vous empêcher de rester un chrétien et d'aller au ciel ! Votre aide vient du vainqueur de l'enfer, de la mort et du diable. Donc tu n'as plus à t'inquiéter de ton avenir. Il est fermement décidé dans la main de Jésus. Vous allez vers des temps glorieux ! Assurez-vous simplement d'emmener d'autres personnes avec vous dans ce merveilleux avenir !

Regarde David finir sa prière. Sa prière ne se termine pas par la malédiction d'Absalom et de son peuple. David aurait toutes les raisons de le faire. Mais il demande la **bénédiction de** Dieu pour les gens qui s'opposent à lui ! La plus grande préoccupation de David n'est pas son propre bien-être, mais celui de son peuple !

Fais en sorte qu'il en soit ainsi. Priez pour votre prochain. De nombreux conflits pourraient être résolus plus rapidement si quelqu'un commençait à ne pas se mettre au premier plan. Si quelqu'un commençait à mettre ses affaires entre les mains de Dieu et à ne pas balancer le club lui-même. Combien de controverses dans les congrégations seraient évitées si quelqu'un commençait à voir non seulement ses préoccupations personnelles, mais celles de toute la congrégation !

David le fait ici. Son problème n'a pas encore été résolu. Les ennemis sont toujours là. Mais il demande la bénédiction de Dieu pour eux. C'est la sagesse biblique !

Il y a le bon sommeil malgré une situation de vie difficile : Faites face au fait et prenez le bouclier de la foi que Jésus est votre sauveur et protecteur. Qu'il veillera à ce que votre situation soit résolue ! Et quand Jésus vous donne la grâce de pouvoir bien dormir, alors remerciez-le et restez dépendants de lui dans la prière. Parce que votre plus grand ennemi est déjà vaincu. Et quand vous bénissez vos petits ennemis, que vous priez pour eux, que vous leur faites du bien, alors vous êtes dans la puissance du plus fort. Et vous pouvez gagner des gens pour la vie éternelle à travers vos crises !

Psaume 4

TRANSFORMER LES SOUCIS EN PRIÈRE

1 Psaume de David, chantant, jouant des cordes.

2 Écoute-moi quand je t'appelle, Dieu de ma justice, qui me console dans la crainte ; sois miséricordieux et écoute ma prière.

3 Messieurs, combien de temps mon honneur sera-t-il souillé ? Comme tu aimes la vanité et le mensonge ! SELA.

4 Sachez que l`Éternel conduit merveilleusement ses saints ; L`Éternel écoute quand je l`invoque.

5 Si vous êtes irrités, ne péchez pas ; parlez en votre coeur sur votre lit, et taisez-vous. SELA.

6 Offrez ce qui est juste, et ayez de l'espoir dans le Seigneur.

7 Beaucoup disent : " Qui nous fera voir le bien ? Seigneur, que la lumière de ton visage brille sur nous !

8 Vous réjouissez mon coeur, s'ils ont aussi beaucoup de vin et de blé.

9 Je me couche et je dors en paix ; car toi seul, Éternel, aide-moi à demeurer en sécurité.

Transformez le chagrin en prière

Lorsque l'apôtre Paul était en prison, il en profitait pour écrire des lettres aux églises chrétiennes. Il a décrit aux chrétiens ce que Jésus avait fait pour eux. Il leur a expliqué comment ils devraient pratiquement vivre leur foi. Il réglementait les griefs dans les communautés. Il n'avait pas à l'esprit sa situation et lui-même. Il aurait pu écrire comme ça :
"Chère congrégation, je crois que j'ai enfin compris. J'ai été en prison ici pendant des mois. J'attends mon procès, et il y a des chances que je sois condamné à mort. Je m'assieds et j'attends - et pourtant je pourrais faire tant de choses pour Dieu. Je ne peux pas comprendre Dieu ! D'abord, il me donne la tâche de prêcher - et ensuite il me laisse mourir dans ce trou. Je me sens froid, déporté par Dieu. Je n'en veux plus. Je préfère abandonner. Parfois je pense : peut-être que ma mort serait la meilleure pour moi, alors tout finirait par s'arrêter. Au revoir. Meilleurs voeux, votre apôtre Paul."
Si Paul avait écrit de telles lettres depuis la prison, alors tout le monde aurait compris. Mais je ne crois pas que même une telle lettre aurait été transmise pour la postérité. Vous ne seriez rien de spécial.
Mais les lettres de Paul sont différentes. Paul ne se plaint pas de son sort, mais il encourage les chrétiens. Il se réfère à Jésus le Sauveur et Seigneur sur le monde entier. Ça suffit ! Paul a vécu en étroite relation avec Jésus-Christ. Et il

vivait par le pouvoir de la prière. C'est pourquoi il était si sûr et confiant, même en prison !

C'est la même chose avec le roi David. Lui aussi était souvent dans une position délicate. Mais il ne laissa pas ses sentiments négatifs le dominer, mais il savait qu'il était très étroitement lié à Dieu. Et il discutait avec Dieu de tout ce qui le tourmentait dans la prière !

Une de ses prières dans la grande détresse est le Psaume 4, et nous ne savons pas dans quelle situation se trouvait David lorsqu'il a écrit cette prière. Car le Psaume n'a que le verset 1 comme titre :

> "Un Psaume de David, à chanter en jouant des cordes."

C'est donc une prière de David, qu'il a ensuite transformée en un chant. Il était certainement chanté pendant les services du temple. Pour que les prières et les expériences de David soient une aide et un enseignement pour tous les peuples !
Le Psaume 4 ressemble beaucoup au Psaume 3, il se peut donc que David l'ait écrit en même temps. Donc au moment où David a dû fuir son fils Absalom. C'était un moment terrible pour David. David était émotionnellement au plus bas. Humainement parlant, David n'avait aucune chance de survivre. Personne ne pouvait vraiment l'aider. Mais ce qui est étonnant, c'est que David a survécu à la crise !
Qu'a fait David dans son heure de gloire ? Que pouvons-nous faire dans notre détresse ?

1. La prière

> Verset 2 : "Ecoute-moi quand je t'appelle, Dieu de ma justice, qui me console
> dans la crainte ; sois miséricordieux envers moi et écoute ma prière."

Dans son besoin, David cherche l'aide de Dieu de tout son cœur. Il ne connaît aucune autre adresse vers laquelle se tourner dans sa crise.
Et pendant qu'il prie, il n'accuse pas les gens. On peut apprendre ça de lui.
En tant que chrétien, vous pouvez toujours savoir Tout ce qui vous arrive n'est pas vain. C'est le sage chemin de Dieu avec vous. Ce ne sont pas seulement les gens qui tournent, mais il y a Dieu à l'oeuvre. Au lieu de juger les gens, appelez Dieu à l'aide ! De la prière, vous recevez un pouvoir mystérieux. Cela aura de bonnes conséquences. Car la prière est la clé avec laquelle vous pouvez ouvrir tous les trésors du ciel !
Beaucoup de gens vivent cela tout le temps. Ils prient et au début ne voient aucune amélioration. Mais ils continuent de prier. Et souvent, Dieu résout le

problème d'une manière bien différente de ce que vous pensiez au départ ! Parfois, le contraire est également vrai.
Un homme a rendu visite à son ami à l'hôpital. L'ami malade lui a dit :
"Je suis l'une des personnes les plus heureuses du monde parce que j'ai Jésus. Quand je pars, je me confie en Dieu ; il prendra soin de ma femme et de mes fils dans l'amour, car il est un Dieu de veuves et d'orphelins. Dieu est bon de bout en bout, et tout ce qu'il fait est bon - Dieu est amour."
Il est mort quelques heures plus tard. Non pas dans le désespoir mais dans la paix. Car il était en sécurité en Jésus !

Quelqu'un d'autre a écrit les sages paroles suivantes :
"Si Dieu ne me guérit pas, il est encore amour, juste, parfait et bon !
Si Dieu ne me guérit pas, il est toujours digne d'être remercié
louez-le, adorez-le !
Si Dieu ne me guérit pas, il le fera, dans sa fidélité à ma famille
parce qu'il est un père de veuves et d'orphelins !
Si Dieu ne me guérit pas, cette situation fonctionnera pour le bien de ceux qui aiment Dieu.
Si Dieu ne me guérit pas, il ne sera pas juste de commencer à chercher un coupable en se demandant : qui ici n'a pas assez cru, n'a pas assez prié, n'a pas prié correctement ?
Si Dieu ne me guérit pas, je serai bientôt avec Jésus !"

Dieu est bon et juste. Il prépare quelque chose de très bien avec tout ce que tu apprends ! Ne le lâchez donc pas, mais attendez de lui de grandes choses ! A la fin, vous serez éternellement heureux d'être resté fidèle !
David sait que Dieu est **juste** (verset 2). La justice de Dieu est aussi la justice de David. David maintient que les voies de Dieu sont toujours justes avec lui, même si cela ne lui semble pas être le cas. David a souvent fait l'expérience du réconfort de Dieu dans sa peur. Et c'est pourquoi il prie Dieu !

C'est précisément dans la **peur que** nous apprenons à nous connaître comme nous ne nous sommes jamais connus auparavant. Nous sommes surpris de ce qui se passe dans notre âme et dans nos pensées. Nous nous comportons souvent très sobrement dans la peur. C'est précisément dans cette expérience que Jésus peut nous rencontrer d'une manière totalement nouvelle.
Seulement, comme David, transformez vos problèmes en prières. Et dans la prière, exprimez tout ce qui est sur votre cœur.

2. Prononcez

Verset 3 : "Messieurs, jusqu'à quand mon honneur sera-t-il souillé ? Comme
...tu aimes tant la vanité et tu mens tant ! SELA."

Regarde David qui prie. Il parle comme s'il parlait à ses ennemis, les **seigneurs**, personnellement !
Tu sais que quand les soucis t'envahissent ? Vous êtes assis là et négociez comme si l'ennemi vous faisait face.
C'est comme ça que David fait ici. David prie Dieu et en même temps parle à ses ennemis, qui ne peuvent pas l'entendre. Il les avertit et leur donne des conseils en même temps.
Oui, cela aussi c'est la prière : exprimer devant Dieu ce qui est sur ton cœur. Aussi ce que l'on voudrait dire aux autres qui ne sont pas ici en ce moment. Ça s'appelle "vider son cœur" !
David reproche à ses ennemis d'**"aimer la vanité et le mensonge"**. Ils aiment être célébrés et admirés par les autres. Et ils parlent sarcastiquement de David. Le faire mal paraître devant les autres. Ne vous en tenez pas toujours à la vérité. Et les gens croient les menteurs imaginaires et les admirent !
Je suis également étonné, encore et encore, lorsque je constate à quel point certaines personnes aiment qu'on leur mente aujourd'hui :
"Vous avez déjà gagné si vous mettez une croix et votre signature sur ce billet de loterie !" Et certaines personnes font même cela parce qu'elles disent que quelqu'un a déjà gagné auparavant !
Ou quelqu'un pourrait venir et dire : "Je vous dis l'avenir !" Et certaines personnes croient qu'il peut vraiment faire ça parce que quelque chose est arrivé à quelqu'un une fois !
Ou : "Si tu vas à l'église, chez le pasteur, tu seras guéri de ta maladie !" Et ils vont et ils ne sont pas guéris et ils croient qu'ils sont guéris. Ils croient tout ce que disent les bavards, les paient bien et font même de la publicité pour eux !
Pourquoi les gens aiment qu'on leur mente ?
A l'époque de David, Absalom répandit des mensonges sur son père et fut célébré comme la grande star. Les masses ont cru Absalom et se sont battues pour lui !
Ce que David a dû souffrir quand il a dû assister à cette vaine mendicité. Mais David ne se retourne pas contre ses adversaires, mais il les avertit par la parole de Dieu. Il leur dit le verset 4 :

"Sachez que le Seigneur guide merveilleusement ses saints ; le Seigneur entend quand je l'invoque."

David fait remarquer à ses adversaires que Dieu l'a choisi pour être roi sur Israël. C'est pourquoi il est aussi **conduit** par Dieu. Même si ça n'en a pas l'air en ce moment. Même si ses circonstances témoignent du contraire. Il est néanmoins merveilleusement guidé par Dieu. Il est du côté des gagnants, ils sont du côté des perdants !
Es-tu un élu de Dieu ? Si vous avez abandonné vos péchés à Jésus et accepté Jésus dans votre vie, alors vous êtes choisi par Dieu. Choisie pour être un enfant

de Dieu. Choisi pour être un citoyen du ciel. Et c'est pourquoi je veux que tu saches Celui qui se bat contre vous, se bat contre Dieu !
Alors pourquoi êtes-vous si malheureux ? Si ingrate ? Pourquoi tu continues à accuser les gens ? Pourquoi luttez-vous avec vos choix de vie comme s'ils ne venaient pas de Dieu ? Pourquoi cherchez-vous des conseils et de l'aide auprès du peuple impie ?
Acceptez simplement que vous êtes merveilleusement guidé par Jésus ! Si vous déposez votre cause auprès de Jésus dans la prière et que vous la lui laissez, alors à la fin tout sera glorieux !

Dieu ne va pas de la même façon avec chaque chrétien. Certaines personnes éprouvent un bonheur et une joie purs immédiatement après leur conversion. D'autres en grande détresse. D'autres ne ressentent aucune émotion. Dieu guide chaque chrétien selon ses règles. Mais il entend les prières que les enfants de Dieu lui adressent ! C'est ce que David peut appeler les menteurs qui cherchent leur propre honneur !

Versets 5+6 : " Si tu es en colère, ne pèche pas ; parle dans ton cœur sur ta couche et tais-toi. SELA. Sacrifiez ce qui est juste et espérez dans le Seigneur."

Les adversaires de David sont en colère. David permet à ses adversaires de faire de même. Il les avertit juste de **ne pas pécher dans leur colère** !
L'apôtre Paul cite ce verset dans Ephésiens 4:26. C'est donc aussi une règle de vie chrétienne !
La colère est une émotion humaine que nous ne pouvons pas empêcher. Mais la colère nous conduit rapidement à des actes de péché. Certains disent : "Espèce d'idiot !" Commencez à jurer. D'autres marmonnent quelque chose dans la barbe. Certaines personnes commencent à te jeter des tasses et des assiettes. Ou devenir des voyous. Les autres ne disent rien. Mais ils font toutes sortes de plans de vengeance pour nuire à l'autre à la prochaine occasion. Certaines personnes développent une imagination très créative ! D'autres ne font rien de tout cela quand ils sont en colère. En retour, ils réagissent avec leurs organes : douleurs d'estomac, hypertension, dépression, grincement de dents la nuit. C'est là que nous sommes différents.
Mais il n'y a pas de personne qui ne se fâche jamais !
Même Jésus s'est mis en colère Marc 3:5 :
"Il (Jésus) *la regarda avec colère et fut attristé par son coeur endurci."*
Oui, il y a une sainte colère. Mais on ne peut jamais se justifier par une sainte colère. Ce n'est que dans l'éternité que nous verrons à quel point notre colère était vraiment sainte !
Il est bon d'admettre notre colère. Et dites à l'autre personne : "Ça me met en colère !" Et ensuite, s'approcher de l'autre avec confiance.
Soyez fondamentalement prêt à maintenir et à guérir la relation avec votre

voisin.
Ne dites pas : "Inutile de lui parler. Tu ne peux rien lui dire." Pour pouvoir punir l'autre personne en lui montrant : "Je ne te parle pas !" Ouais, c'est comme ça que vous pouvez faire de la vie de l'autre un enfer ! Cela aussi est un péché qui vient de la colère !
Si jamais tu as un râle dans la bouche, ne le laisse pas comme ça. Va voir l'autre et excuse-toi pour ton rôle. Et une fois que le problème a été clairement discuté, Jésus le soulève ensemble dans la prière !

David dit à ses ennemis de se **taire** à l'intérieur. Quand ils sont couchés dans **leur** lit, dans **leur campement,** laissez-les réfléchir à eux-mêmes de manière autocritique. A propos de leurs motivations cachées. Pas seulement voir la culpabilité du David. S'ils écoutent la voix de leurs coeurs, ils peuvent réaliser comment on leur ment. Et ils pourront aussi voir à travers leur propre vanité. Peut-être qu'alors ils arrêteront leurs plans diaboliques.
C'est ce que nous devrions toujours faire avant que notre colère ne gâche nos vies !

Faites comme David : faites une prière à partir de vos soucis et de votre colère. Dis tout ce que tu as en tête.
Et ensuite, tu te déposes avec confiance dans les bras de Dieu.

3. La confiance

> Verset 7 : "Beaucoup disent : Qui nous fera voir le bien ? Seigneur, que la lumière de ton visage brille sur nous !"

David sait que beaucoup de gens qui sont avec lui ont perdu l'espoir. Ils commencent à se plaindre. Et la mauvaise humeur se répand :
"Les ennemis sont si nombreux et si forts. Qui va nous sortir de ce pétrin ? Comment le bien peut-il sortir de ce gâchis ?"
Les personnes qui parlent ainsi décrivent très bien l'attitude pessimiste de beaucoup de gens à l'égard de la vie aujourd'hui. Les chrétiens aussi. Parce que ce que vous entendez et voyez aux nouvelles tous les jours est souvent épouvantable. Quand on voit comment notre société se développe, c'est décourageant.
Est-il encore possible d'être optimiste ? Ce ne serait pas une fuite des faits ?
Oh oui, il y a beaucoup de raisons d'être optimiste. David nous montre où il trouve le courage et la confiance dans sa misère :

- Il demande la bénédiction de Dieu !

La présence de Dieu devrait briller dans sa sombre situation !
C'est ici ! Ne gardez pas vos yeux fixés sur les problèmes. Ils devraient plutôt réfléchir sur le Dieu puissant qui peut et fait tout !

Celui qui a confiance en Dieu n'a rien à craindre !
De là découle la joie incompréhensible du verset 8 :

"Tu as réjoui mon coeur, bien qu'ils aient beaucoup de vin et de grain."

David est en fuite. Il est donc matériellement mal équipé. Ses biens ont été confisqués par son fils Absalom. Il est gaspillé en ce moment. La situation est exaspérante. Mais David dit qu'il a encore de la joie en lui. Ce n'est pas la joie qui vient de la richesse matérielle, mais c'est la grâce incompréhensible de Dieu. C'est pourquoi David n'est pas jaloux de ceux qui ont plus que lui. Il sait qu'ils ne sont pas plus heureux !
Seul Dieu peut apporter la joie au cœur. Seul Dieu peut donner de la joie dans les moments difficiles. Appelez-le en cas de besoin ! Jésus donne une joie qu'aucune richesse terrestre ne peut apporter. Cette joie perdure même dans les moments difficiles. Ceux qui en ont peuvent dormir détendus, comme David verset 9 .

"Je me couche et dors en paix, car toi seul, Seigneur, peux me protéger."

David a l'aide qui le soutient dans toutes les situations et à tout moment. Même quand il dort ! Même s'il est au milieu de problèmes non résolus. Mais il le sait certainement et l'a souvent vécu :
"Dieu entend ma prière. Je n'ai pas à maîtriser et à soutenir ma vie moi-même. Mon Créateur et Seigneur façonne ma vie. Il porte l'ultime responsabilité pour moi !"
De cette façon, il peut se détendre mentalement et physiquement.
"Une conscience claire est un doux coussin de paix" !
Aimeriez-vous avoir la conscience tranquille ? Aimeriez-vous aussi avoir une joie aussi incompréhensible au milieu des ennuis que celle de David ? Alors laisse Jésus travailler sur toi !

Une vieille femme chinoise est venue une fois dans un hôpital missionnaire et a voulu voir le médecin. Quand le médecin est venu, elle lui a dit : " Notre maire est venu récemment pour un traitement. C'était une très mauvaise personne, il abusait de ses enfants, gaspillait son argent au jeu et avait la bouche très déliée. Mais depuis qu'il est rentré chez lui, le tigre est devenu un agneau, et sa femme est pleine de joie et d'étonnement, car il ne lui dit plus une seule parole mauvaise, et ils vivent maintenant en paix. Moi aussi, j'ai une mauvaise bouche, et mes belles-filles ont du mal à me comprendre. Je voudrais donc vous demander de me donner un peu des médicaments qui ont si merveilleusement guéri notre maire !"

Oui, Jésus est le meilleur médecin pour notre âme. Il nous transforme de l'intérieur pour que nous puissions avoir la joie et la paix. Et les transmettre à d'autres !

Laisse de la place à Jésus en toi. Et ensuite, transformez vos problèmes en prière. Priez, dites tout devant Dieu et faites confiance à Jésus !

Psaume 5

QUAND LES PENSÉES DEVIENNENT UNE NUISANCE

1 Psaume de David, pour être chanté, pour jouer de la flûte.

2 Éternel, écoute mes paroles, prends note de ce que je dis.

3 Écoute mon cri, mon roi et mon Dieu, car je te prie.

4 Seigneur, tu entends ma voix de bonne heure, Je me tourne vers toi de bonne heure et je t'écoute.

5 Car tu n'es pas un dieu auquel la méchanceté est agréable, et le méchant ne demeure pas devant toi.

6 La gloire n'est pas devant toi ; tu es l'ennemi de tous ceux qui font le mal.

7 Tu fais mourir les menteurs ; à l'Éternel sont les abominations des sanguinaires et des faux.

8 Mais je peux entrer dans ta maison par ta grande bonté, et me prosterner devant ton saint temple dans ta crainte.

9 Éternel, guide-moi dans ta justice, à cause de mes ennemis ; Fais ton chemin devant moi.

10 Car il n'y a rien de sûr dans leur bouche ; leur être intérieur est mauvais. Leur gorge est une tombe ouverte, ils font semblant avec leur langue.

11 Rends-les coupables, ô Dieu, afin qu'ils tombent par leurs intrigues. Chassez-les à cause de leurs nombreuses transgressions, car ils sont rebelles contre vous.

12 Que tous ceux qui se confient en toi soient dans l'allégresse ; qu'ils se réjouissent à jamais, car tu leur donnes la gloire, car tu les protèges. Heureux que ceux qui aiment ton nom soient en toi !

13 Car toi, Éternel, tu bénis les justes, tu les couvres de grâce comme d'un bouclier

Quand les pensées deviennent une nuisance

Un des oiseaux les plus intéressants que je connaisse est le coucou. Il est connu pour son parasitisme. Il n'observe que les oiseaux qui l'intéressent pendant un certain temps. Il les suit et se rappelle où ils ont leurs nids. Et un jour, il visite tranquillement et secrètement les nids et pond un œuf dans chaque nid. Il peut remplir jusqu'à 22 nids. Il peut colorer son œuf de façon à ce qu'il ressemble exactement aux autres œufs du nid. L'œuf du coucou est juste un peu plus gros. En 12 jours, le petit coucou sort de son œuf avant les autres oiseaux. Il grandit très vite, de sorte qu'il jette les autres oiseaux ou les œufs dans le nid petit à petit par-dessus bord, jusqu'à ce qu'il ne reste plus que seul dans le nid. S'il ne réussit pas, il imite les sons des autres oiseaux dans le nid. Il crie plus fort que les autres petits oiseaux et est donc préféré par les parents et reçoit plus de nourriture.

Quel méchant oiseau sournois ! Il n'a aucune conscience du tout ! De quoi pouvons-nous être heureux, que nous ne sommes pas des oiseaux !
Mais il y a aussi quelque chose qui pond une sorte d'œuf de coucou dans notre pays. Ce sont les pensées négatives. Par exemple, vous avez une expérience négative :

- Quelqu'un vous crie dessus sans justification et vous lit l'acte d'émeute.
- Ou tu as un accident de voiture.
- Ou vous aurez beaucoup de rejets sur vos demandes.

Il peut arriver que depuis lors, des pensées destructrices continuent à vous venir à l'esprit :
"Je suis une mauvaise personne ! Je suis un raté ! Il vaut mieux ne plus rien faire ! La meilleure chose serait que je meure !"
C'est comme ça qu'on commence à faire éclore l'œuf du coucou. Vous avez une mauvaise opinion de vous-même qui ne correspond pas à la réalité. Mais tu continues à ruminer tes pensées. Les pensées deviennent de plus en plus persistantes et elles vous privent de toute la joie de vivre. Vous voyez tout en noir et blanc. Et enclin à des généralisations exagérées :

- "Personne ne me comprend !
- Tout le monde est contre moi !
- Tout le monde est plus beau que moi !
- Tout le monde peut le faire mieux que moi !
- Personne ne peut m'aider !"

Et si quelque chose de mal arrive, c'est ma faute !
C'est un mauvais oeuf de coucou que tu prépares là-dessus. Vous nourrissez le négatif et vous poussez le positif !
Avec de telles pensées, on se sent malheureux et on ne peut que faire laborieusement son travail. Vous vous sentez paralysé. Il est donc important de se demander :

- "Qu'est-ce que je hachète ?
- De quoi dois-je remplir mes pensées ?
- A qui dois-je donner le droit de vote ?"

Dès que vous trouvez l'œuf de coucou dans votre tête, jetez-le maintenant ! Ne l'éclosez pas ! Parce que les pensées négatives qui sont écloses forment notre caractère. Ils façonnent tout notre style de vie !

Le roi David était aussi souvent troublé par des pensées. Nous le savons par les nombreux psaumes qu'il nous a laissés. Ils nous ont laissé voir sa vie intérieure.

Là, on peut voir comment David a géré ses pensées. Comment il leur a fixé des limites. Et ce qu'il avait en tête.
Le psaume 5 nous le fait comprendre aussi. C'est de lui que nous voulons apprendre aujourd'hui. Il porte le titre du verset 1 :

"Un Psaume de David, pour chanter à la flûte."

Cela signifie: David a prié Dieu, puis il a écrit ses pensées et en a fait une chanson !
Tu peux essayer ça de temps en temps si tu es troublé par des pensées. Apportez vos pensées à Dieu, puis écrivez-les et essayez d'en faire une chanson. Il est préférable d'en discuter avec quelqu'un en qui vous avez confiance.

Dans le Psaume 5, nous pouvons voir ce que David pensait et comment il a surmonté ses pensées négatives. Trois choses l'ont aidé à gagner :
La prière, le service et les promesses.

1. La prière

Versets 2-4 : " Écoute mes paroles, Éternel, et retiens mes paroles. Écoute mon cri, mon roi et mon Dieu, car je te prierai. Seigneur, de bonne heure tu entendras ma voix, de bonne heure je me tournerai vers toi et j'y prêterai attention."

David souffre de tourments intérieurs et veut en discuter avec Dieu. Il se tourne vers Dieu dans la prière **tôt le matin.** Immédiatement après la nuit, quand les pensées qui auraient pu le torturer, il se lève et se tourne vers Dieu. Il le pousse à discuter avec Dieu de ce qui était et de ce qui est.
Et puis il veut **"faire attention"**. Être attentif signifie être attentif à ce que Dieu veut me dire et me montrer pour ce jour. Regardez attentivement ce que Dieu me montre pendant que je prie. Cela signifie que David aussi se tut et se fit entendre pendant la prière. C'est important lorsque nous présentons nos pensées à Dieu dans la prière. Parfois, Dieu veut nous dire quelque chose. Et vous ne pouvez l'entendre que si vous vous taisez en priant ! Parfois, nous ne sommes pas capables de mettre nos pensées en mots. C'est juste une sorte de cri. Crie dans ton coeur. Dieu peut très bien comprendre ces pleurs. Parce que Dieu regarde dans le coeur. Et il ne veut rien de plus que tu lui ouvres ton coeur. Même si vous êtes très malade.

Quand David a écrit ce psaume, il était très malade. Il a dû faire l'expérience de l'arrogance et de l'impiété des gens qui le font mal paraître devant les autres. Et David luttait avec des pensées destructrices. Mais David n'a pas gardé ces pensées pour lui, mais il les a présentées à Dieu. Regarde comment il en parle à Dieu :

Versets 5-7 : " Car tu n'es pas un dieu auquel les créatures impies sont agréables ; celui qui est mauvais ne demeure pas devant toi. La glorieuse prédication n'existe pas sous tes yeux ; tu es l'ennemi de tous les malfaiteurs. Tu tues les menteurs, à l'Éternel sont les abominations des sanguinaires et des faux."

David a le Dieu saint devant lui. Et il compare ce que Dieu a à l'esprit avec ce que ses ennemis ont à l'esprit :

- DIEU abhorre tout **mal**.

Mais les ennemis de David vont mal !

- DIEU déteste toutes les frimeurs.

Mais les ennemis de David se **vantent comme** s'ils étaient les plus grands héros et David un moins que rien !

- DIEU méprise les **menteurs**.

Mais les ennemis de David s'en fichent. Tu répands des mensonges sur lui de tout ton coeur !

- DIEU donne et soutient la vie des êtres humains.

Mais les ennemis de David ne **valent pas la vie humaine** !
Des gens comme ça se sont mis en travers du chemin de David. Ils lui ont fait passer un sale quart d'heure. Et les pensées de David tournent constamment autour de ces gens. Il sait qu'ils ne réussiront pas avec leurs plans. Mais d'une certaine façon, ça ne l'apaise pas. Ses pensées deviennent de plus en plus sombres :

Versets 10+11 : "Car il n'y a rien de sûr dans leur bouche, mais au dedans c'est la méchanceté. Leur gorge est une tombe ouverte, ils font semblant avec leur langue. Dis qu'ils sont coupables, Dieu, d'être tombés dans leurs combines. Chassez-les pour leurs nombreuses transgressions, car ils sont rebelles contre vous.

Peut-être que maintenant quelqu'un pense parmi nous :
"Tu ne peux pas prier comme ça ! Un chrétien ne prie pas comme ça !"
C'est vrai. Ce n'est pas un modèle pour la prière chrétienne. Mais soyons honnêtes : des pensées de vengeance similaires ne vous sont-elles pas venues à l'esprit pendant vos heures d'ennui ?

- "S'il pouvait avoir un battement de coeur, j'aurais enfin un peu de paix !
- Si le patron le licenciait, nous aurions un meilleur climat de travail !
- Peut-être qu'il sera frappé par la foudre et que je dormirai mieux."

Tu n'as jamais eu de telles pensées ? Vous ne l'avez peut-être pas formulé dans la prière. Mais dans la nuit blanche, attention !

David vit dans une relation d'amour si ouverte avec Dieu qu'il dit tout ce qui lui vient à l'esprit devant Dieu.
Je ne vous conseille pas de prier pour la vengeance et la mort de vos ennemis. Car Jésus a intercédé pour ses ennemis. Et il nous a donné l'instruction d'aimer nos ennemis avec l'amour de Dieu. Mais si une prière comme ça devait glisser sur vos lèvres, ce n'est pas grave. Nous avons un avocat au ciel qui apporte nos prières devant Dieu de la bonne manière ! Jésus n'est pas dérangé par notre imperfection. Il ne veut rien de plus que notre honnêteté ! Il est préférable de laisser sortir tout ce qui s'accumule en vous que de l'incuber à l'intérieur et de déformer votre caractère et votre style de vie !

David a triomphé de ses pensées négatives en les amenant à Dieu dans la prière. Une deuxième chose lui a donné la victoire sur les pensées négatives :

2. Le service

Verset 8 : "Mais je peux entrer dans ta maison par ta grande bonté, et me prosterner devant ton saint temple dans ta crainte."

David pense dans sa prière du matin à la grande grâce que Dieu lui a donnée pour entrer dans le tabernacle de Dieu. C'était l'endroit où Dieu était présent à ce moment-là. Ici, l'homme pourrait être le plus proche de Dieu. David voit comme une **" grande bonté " le** fait que Dieu permette à une personne pécheresse comme lui de faire cela ! Il a une grande envie d'adorer Dieu avec révérence.
Tu peux sentir où vont les pensées de David ? Il veut que ses pensées soient avec Dieu. Il pense à la grâce et à la présence de Dieu. Il veut remplir son esprit avec ça !
Tu réalises la grande grâce que c'est

- que tu peux aller à l'église ?
- Que vous n'avez pas à conduire des centaines de kilomètres pour assister aux services ?

Tous les chrétiens n'ont pas cet avantage !

- Dieu veut vous rencontrer dans le service.
- Il veut vous remplir de sa parole et de son esprit.
- Ici, vous pouvez chanter des louanges et adorer Dieu.
- Ici, vous pouvez rencontrer des gens qui ont le même désir dans leur coeur que vous.
- Ceux qui aspirent aussi à Jésus et à sa parole, et qui veulent que leur vie quotidienne soit déterminée par lui !
- Ici, vous pouvez concentrer vos pensées sur l'essentiel. À l'Éternel, qui gouverne le ciel et la terre. Tous les souverains et aussi vos ennemis dans la main. Qui t'a créé parfaitement bien et t'aime même si tu fais des

erreurs.

- Ici, il vous rencontre et vous dit : " Je vous ai rachetés, vous êtes à moi ! Aucun pouvoir sur terre ne peut te séparer de moi ! Tout ce qui arrive est correctement assigné par moi et il y aura de bonnes conséquences !"

Dans le service, vous serez rempli de bonnes pensées. Si vous leur donnez de l'espace, ils formeront magnifiquement votre caractère et votre style de vie. Et tu sauras comment gérer tes problèmes. La Parole et l'Esprit de Dieu resteront en vous et vous guideront !
Gloire à Jésus ! Car c'est une grâce indescriptiblement grande qu'il soit avec vous et moi !

Un petit garçon de 6 ans dit : "Maman, si je suis un homme, je veux aimer Jésus !" La mère a répondu : "Et si tu ne vivais pas aussi vieux ?" Le garçon reste silencieux pendant un petit moment, puis il dit avec une mine déterminée : "Alors c'est mieux, je l'aime déjà aujourd'hui !"
Ce que ce petit garçon a compris, je peux le dire à chacun d'entre nous :
Aimez Jésus de tout votre coeur, alors vous avez la meilleure aide dans chaque situation. Même quand il s'agit de vaincre les mauvaises pensées ! Dans le service, vous serez à chaque fois mis en évidence à cette grâce et vous la recevrez !

Quelque chose d'autre a aidé David à vaincre les pensées négatives :

3. Les promesses

Verset 9 : "Seigneur, guide-moi dans ta justice à cause de mes ennemis ; prépare ton chemin devant moi.

David dirige ses pensées vers le fait que Dieu a promis de le guider. Il est conduit par un Dieu juste. Dans les limites des normes de Dieu. Et ça ne peut que signifier de bonnes choses. C'est sur cela qu'il concentre ses pensées !
Tu vois ? Il ne rumine pas sur l'oeuf du coucou ! Il a confiance que Dieu le guidera avec justice. Parce que c'est ce que Dieu a promis à son peuple ! Les ennemis n'aimeraient rien de plus que de voir David périr comme lui ! Mais David remet simplement les ennemis à Dieu. Les ennemis devraient voir à quel point les gens qui font confiance à Dieu sont conduits de façon incompréhensible. Ils devraient apprendre de son exemple et se repentir. Sinon, ils seront jugés par Dieu !
Certains d'entre nous se lèvent le matin et ne savent pas comment passer la journée. Il a des compagnons devant ses yeux qui veulent lui faire du mal. Aujourd'hui, il y a un mot pour cela : l'intimidation !
Tant qu'il y aura des gens, il y en aura toujours qui tourmentent et qui calomnient. Souvent, nous ne pouvons pas nous défendre contre eux parce que

nous n'entendons pas leurs mensonges et leurs calomnies. Ils agissent dans notre dos. Mais qu'importe : nous n'avons pas besoin de faire éclore les œufs de coucou que l'on nous met dans la tête. Nous pouvons les jeter par-dessus bord au nom de Jésus ! Et la meilleure façon de le faire est d'utiliser les promesses de Dieu.
Psaume 91:11 : *"Il a ordonné à ses anges de te garder dans toutes tes voies.*
Psaume 147:3 : *"Il guérit les coeurs brisés et panse leurs blessures.*
Jérémie 31:3 : *"Je vous ai aimés aux siècles des siècles, c'est pourquoi je vous ai attirés à moi par bonté."*
Matthieu 5:4 : *"Heureux les affligés, car ils seront consolés.*
2 Corinthiens 12:10 : *"Si je suis faible, je suis fort."*
1 Jean 5:18 : *" Quiconque est né de Dieu, il le gardera, et le méchant ne le touchera pas.*
Dirigez vos pensées vers de telles promesses et priez :
"Seigneur Jésus, tout ceci est la réalité invisible dans laquelle je vis. Tu t'es battu pour tout ça pour moi et tu m'as donné ça en cadeau. Je ne veux pas incuber mes pensées négatives. Aide-moi à voir ta réalité !"
C'est l'outil pour jeter l'œuf du coucou !
C'est à peu près comme ça que David combattait ses pensées négatives. Il réfléchit à ce que Dieu avait promis et pria les versets 12+13 :

"Que tous ceux qui se confient en toi se réjouissent, qu'ils se réjouissent à jamais, car tu les protégeras. Heureux que ceux qui aiment ton nom soient en toi ! Car toi, Seigneur, tu bénis les justes, tu les couvres de grâce comme d'un bouclier."

C'était la réalité que David avait à l'esprit. Dieu veut que tous ceux qui se confient en lui se réjouissent pour toujours. Ils devraient louer dans la joie ce qu'un grand Dieu aime et donne aux gens !
La joie de Dieu est une puissance. En même temps, une protection contre les difficultés de la vie !
Dieu bénit tout son peuple. Celui qui est béni est habilité à faire la volonté de Dieu. Personne ne suit le chemin de Dieu par sa propre force. C'est la bénédiction de Dieu qui nous maintient dans la foi. Et la bénédiction de Dieu assure qu'aucun ennemi ne peut nous faire du mal ! C'est pourquoi un chrétien peut parler avec l'apôtre Paul Romains 8:38+39 :
"Je suis certain que ni la mort ni la vie, ni les anges ni les puissances ni les autorités, ni le présent ni l'avenir, ni le haut ni le bas, ni aucune autre créature ne peut nous séparer de l'amour de Dieu qui est dans le Christ Jésus notre Seigneur.

Les ennemis, même les pensées, peuvent vous entourer de tous côtés. Mais Jésus est plus fort. Il peut traiter avec n'importe lequel de vos ennemis. Jésus ne vous a jamais promis qu'il n'y aurait pas de tempêtes dans votre vie. Mais il vous a promis sa miséricorde !

Je vous souhaite de rencontrer Jésus d'une nouvelle manière, lorsque des pensées négatives veulent s'enraciner en vous.
Prenez juste du temps pour la prière. De préférence à la première heure demain matin. Dites à Jésus tout ce qui vous trouble dans vos pensées. Dites-lui aussi ce que vous voulez recevoir de lui. Et quand tu pries, tais-toi aussi, pour écouter.
Visitez régulièrement les services, car Jésus veut vous rencontrer ici d'une manière particulière.
Et gardez toujours à l'esprit les promesses de la Bible, afin de ne pas perdre de vue la réalité invisible !

Psaume 6

quelle est la pénalité ?

1 Psaume de David, à chanter, sur huit cordes.

2 Éternel, ne me punis pas dans ta colère, et ne me châtie pas dans ta fureur.

3 Seigneur, aie pitié de moi, car je suis faible ; guéris-moi, Seigneur, car mes os sont troublés

4 et mon âme est très effrayée. Oh, Seigneur, combien de temps !

5 Tourne-toi, Seigneur, et sauve-moi, aide-moi à cause de ta bonté.

6 Car dans la mort il n'y a pas de souvenir de toi : qui te rendra grâces parmi les morts ?

7 Je suis si fatigué de soupirer ; je lave mon lit toute la nuit, et avec mes larmes je mouille mon lit.

8 Mon oeil est abattu de chagrin et faible, parce qu'il y a tant de mes affligés.

9 Éloignez-vous de moi, vous tous qui faites le mal ; car l'Éternel entend mes pleurs.

10 L`Éternel exauce ma supplication, L`Éternel reçoit ma prière.

11 Et tous mes ennemis seront confus, et seront très troublés ; ils se détourneront, et seront soudain confus.

Qu'est-ce que la pénitence ?

Pendant une guerre, un soldat a appris que sa femme était gravement malade à la maison. Il a demandé une permission, mais elle ne lui a pas été accordée. Il est donc allé voir sa femme sans permission. Mais il a été attrapé et enfermé comme déserteur. Puis le jour est venu où il a été emmené et où on lui a lu sa condamnation à mort. Le soldat est resté complètement immobile. Il n'a pas bougé d'un poil quand il a dit : " Je sais que j'ai été désobéissant. J'ai laissé le drapeau tout seul, donc je mérite de mourir. C'est tout ce que vous voulez que j'entende, capitaine ?" Le capitaine a dit : "Non, j'ai autre chose à leur dire." Le capitaine prit un autre journal et lut le pardon du condamné. Le soldat s'effondra et tomba à terre, tremblant de tout son corps, et des larmes lui sortirent des yeux.
Oui, celui qui a vraiment compris qu'il est coupable, le message du pardon l'époustoufle vraiment.
Le message de la Bible est la bonne nouvelle que Dieu veut être miséricordieux envers nous, les gens coupables, et que Dieu nous offre la repentance pour cela. Ce n'est pas à propos d'une sorte d'amende. La grâce de Dieu ne peut pas être

gagnée avec de l'argent. Même pas avec les services religieux. Même pas avec de bonnes œuvres. Et aussi pas avec un style de vie propre. La Bible comprend toujours la repentance comme une conversion à Dieu !
Pourquoi devons-nous nous tourner vers Dieu ?
Dieu dit que tout être humain, dès sa naissance, est un pécheur. Aucun homme n'a le droit de venir à Dieu.
Dans Genèse 8:21, Dieu dit sans équivoque
"La poésie et l'aspiration du coeur humain sont mauvaises dès sa jeunesse."
David dit dans le psaume 51.7 :
"Je suis né pécheur, et ma mère m'a conçu dans le péché."
Et l'apôtre Paul écrit dans Romains 3:12
"Ils sont tous partis, et tous sont corrompus. Personne ne fait le bien, même pas un."
Ce sont des mots clairs !
Tant que l'homme pense : " Je suis fondamentalement une bonne personne, parce que je suis généreux et gentil ", il n'a encore rien compris. Un tel homme ne pourra pas se repentir correctement !
Chaque homme doit se rendre compte qu'il a offensé Dieu toute sa vie. Qu'il n'a aucun droit à la bénédiction, ni à la vie éternelle !
La repentance est quand une personne prend toute la culpabilité sur elle-même et la remet ensuite à Jésus-Christ dans la prière. Car c'est pour cela que Jésus-Christ est venu dans ce monde :

- Pour payer ta dette et la mienne.
- Pour faire de toi et moi un homme agréable à Dieu.

Il est venu pour que toi et moi puissions redevenir ce que nous étions censés être :

- Des images de Dieu.
- Les enfants bien-aimés de Dieu.

C'est pourquoi Jésus a commencé son ministère sur terre par les paroles *"Repentez-vous, car le royaume des cieux est à portée de main !"* (Matthieu 4:17)
Le repentir :

- Un aperçu de l'état perdu.
- Conversion à Jésus.
- Début d'une nouvelle vie avec Jésus.
- La vie avec une nouvelle attitude donnée par Jésus.

Quand une personne comprend qu'elle est coupable devant Dieu et va vers Jésus avec sa culpabilité et demande pardon, alors elle s'est repentie. Dans la repentance, Jésus vous pardonne tout ce qui vous sépare de Dieu. Tu auras une toute nouvelle vie.

Dans la Bible, nous pouvons voir comment les gens se repentent et comment Jésus réagit à cela.

Il y a Simon Pierre. Il a vécu un grand miracle au bord de la mer de Galilée. Puis il est tombé aux pieds de Jésus et a dit à Luc 5:8 :
"Seigneur, éloigne-toi de moi ! Je suis un homme pécheur !"
La réponse de Jésus à cela était Luc 5:10 :
"N'ayez pas peur ! A partir de maintenant, vous allez attraper des gens."
Quiconque, comme Simon Pierre, est effrayé par ses péchés et s'incline devant Jésus, Jésus lui pardonne et le commissionne à nouveau !
Nous lisons dans Luc 7:38 au sujet d'une pécheresse qui se repentait :
"Elle pleura et se mit à mouiller ses pieds (de Jésus) de larmes et à les sécher avec les cheveux de sa tête, et elle embrassa ses pieds et les oignit avec de l'huile d'onction."
De cette femme, Jésus a dit à Luc 7:47 :
"Ses nombreux péchés sont pardonnés, car elle a montré beaucoup d'amour."
Donc, quiconque aime Jésus, ses péchés sont pardonnés !
Ou pensez à Zacchaeus. C'était un petit homme, mais un gros escroc et un requin de l'argent. Mais quand Jésus est venu à lui, il s'est repenti de son mode de vie précédent. Il a dit à Jésus :
"Seigneur, je donne la moitié de mes biens aux pauvres, et si j'ai trompé quelqu'un, je le rends au quadruple." (Luc 19:8)

La repentance est le fait de se détourner du mal. Mais en même temps, le tournant vers une nouvelle vie. A une vie avec Jésus ! Chaque personne doit faire l'expérience de cette pénitence une fois dans sa vie ! Mais alors, en suivant Jésus, il sera toujours nécessaire de se détourner des péchés individuels. La pénitence est donc un mode de vie.
David, le plus important roi d'Israël, nous donne des exemples très pratiques dans la Bible de ce que signifie la repentance. Nous pouvons également le voir dans le psaume d'aujourd'hui. C'est une prière de pénitence.
Les théologiens chrétiens ont déjà trouvé 7 psaumes pénitentiels dans le Livre des Psaumes au 6ème siècle. Il s'agit des Psaumes 6, 32, 38, 51, 102, 130, 143, et les prières de ces Psaumes décrivent ce qu'ils ont ressenti lorsqu'ils ont réalisé leur culpabilité. Ils nous montrent comment ils portent leur culpabilité devant Dieu. Ils décrivent également comment ils sont certains que leur culpabilité est pardonnée. Et aussi ce que cela signifie pratiquement pour eux maintenant. Ces psaumes nous aident à gérer notre culpabilité de la bonne façon.
Regardons donc le premier psaume de pénitence, le psaume 6. Il porte le titre :

"Un Psaume de David, à chanter en jouant sur les huit cordes."

Quand David a écrit ce psaume, il était dans une crise profonde. Il décrit, dans un style très émotionnel, son besoin. Les ennemis lui donnent du fil à retordre. Il est malade. Et il pense qu'il va bientôt mourir. Pour une raison quelconque, il sait que Dieu est en colère contre lui. On ne sait pas pourquoi. Plus tard, David a transformé sa prière de repentance en un chant. Probablement pour le service du temple.

Passons maintenant au texte de ce chant de pénitence, versets 2-4 :

> "O Seigneur, ne me punis pas dans ta colère, et ne me châtie pas dans ta fureur. Seigneur, aie pitié de moi, car je suis faible ; guéris-moi, Seigneur, car mes os sont troublés et mon âme est très troublée. O Seigneur, combien de temps !"

Priez donc seulement celui qui a compris qu'il ne mérite rien d'autre que la colère de Dieu. Le péché engendre la colère de Dieu. David comprend ça. Mais David sait autre chose. Il sait que Dieu répond aux prières. C'est pourquoi il appelle Dieu de toutes ses forces à cesser de le tourmenter pour ses péchés. Il demande à Dieu de le sortir de sa mauvaise situation méritée. Il ne fait pas référence à sa vie pieuse. Ni à ses bonnes œuvres, mais à son impuissance. Ainsi parle le fort et victorieux David ! Ici on ne remarque rien du brave David, qui se tient hardiment devant le géant Goliath. Gagner une guerre à la fois. Les pouvoirs de David sont au plus bas parce que Dieu n'est plus avec lui !

Peut-être que parfois tu ressens la même chose pour David ici. Et tu te demandes : Que puis-je y faire ?
Eh bien, il est fondamentalement important que nous soyons toujours conscients de qui nous sommes vraiment. Nous sommes et restons des pécheurs. On peut avoir beaucoup de succès dans la vie. Les gens sont doués pour parler de nous. Et on peut aussi être très pieux à ce sujet. Mais nous sommes toujours des pécheurs !
Les péchés que vous avez déjà transmis à Jésus, vous n'avez plus besoin de les traiter. Jésus leur a pardonné et il ne les sort plus jamais. Mais nous accumulons à nouveau de nouvelles culpabilités :

- Cette fierté est une chose dont nous sommes toujours fiers.
- Le dogmatisme.
- La moquerie des autres.
- Nous trompons les autres avec des demi-vérités.
- Des accès de colère sortent de nous.

Et bien plus encore. C'est pourquoi nous avons besoin du pardon de Jésus encore et encore. Et surtout dans les moments difficiles, nous reconnaissons le plus vite combien nous nous sommes éloignés de Jésus à nouveau. Combien on a encore parié sur nous-mêmes. Comment nous avons rendu la vie difficile à notre voisin.
Les moments difficiles de la vie nous dégrisent.
Tout comme David a souffert de ses péchés, nous, en tant que chrétiens,

souffrirons aussi de nos péchés, encore et encore. Mais fais comme David : Faites face à votre culpabilité et demandez à Jésus de vous pardonner. Pour une autre chance. Car celui qui a faim de la miséricorde de Dieu la trouvera !
Jésus dit Jean 6:37 :
"Celui qui vient à moi, je ne le chasserai pas."
Jamais l'homme n'est plus proche de Dieu que lorsqu'il est très faible et au bout du rouleau. Et ensuite, demandez à Dieu la pitié. Il est dit dans le Psaume 34:19
"L'Éternel est proche de ceux qui ont le coeur brisé et aide ceux qui ont le coeur brisé."
Dieu ne se retire pas des gens qui ont besoin de lui, mais il se tourne volontiers vers eux pour les sauver !
David le sait : s'il y a quelqu'un qui se soucie de son état, c'est bien Dieu. Et vers lui, il se tourne de tout son cœur !
Il dit au verset 3 que la peur est dans ses os. Et au verset 4, cette crainte est dans son âme.
Alors la peur le rend malade dans son corps et dans son âme. D'où vient sa peur ?

- C'est sa faute impardonnable !

La culpabilité non pardonnée provoque la peur et rend malade. Il n'y a pas que les chrétiens qui le voient ainsi aujourd'hui ! Les psychologues savent depuis longtemps que la peur peut conduire à des maladies psychosomatiques. Si la culpabilité est effacée, dans de tels cas l'âme et le corps deviennent sains !

Parfois, nous devons aussi grignoter longtemps les conséquences de notre culpabilité. C'était le cas avec David. Il dit au verset 4, désespéré : **"Oh toi, Seigneur, combien de temps !"**

La période de souffrance de David a donc été longue et il n'y avait pas de fin en vue. D'où le cri de désespoir ici.
Nous apprenons de la Bible que Dieu a fixé une certaine quantité de souffrance pour ses enfants. Tant que la mesure ne sera pas complète, nous ne sortirons pas de notre misère. Nous devons attendre l'heure où Dieu dissoudra la souffrance.

- Israël devait rester en Égypte jusqu'à ce que le temps fixé par Dieu de 430 ans soit complet.
- Les Juifs ont dû rester à Babel pendant 70 ans.

Mais il est impossible que Dieu abandonne ceux qui lui font confiance. Demander la grâce et attendre l'intervention de Dieu vaut toujours la peine ! Même quand vous atteignez vos limites.
David a atteint sa limite. Regardez comment il décrit sa souffrance dans les versets 7+8 :

"Je suis si fatigué de soupirer, je lave mon lit toute la nuit et avec mes larmes je mouille mon lit. "Mes yeux s'assombrissent de chagrin et de lassitude à cause de la multitude de mes oppresseurs.

Dans les Psaumes 3+4, David décrit comment il peut dormir paisiblement malgré les nombreux ennemis et les difficultés. Mais maintenant, il vit l'expérience inverse. Il est allongé épuisé dans son lit et se retourne et gémit. Il ne peut même pas retenir les larmes. Tout son lit est mouillé. Sûrement à cause de la forte transpiration qu'il ressent à cause de la peur. Et il ne peut rien y faire ! Il peut être suivi de quelques mauvaises paroles qu'il a prononcées dans son zèle. Peut-être que certaines des actions horribles qu'il a faites le hantent. Et il est tellement désolé pour tout ça maintenant !
Et puis les paroles de ses ennemis le suivent :
"Ça vous sert bien ! C'est ce qui en résulte ! C'est de ta faute !"
De telles personnes peuvent achever un chrétien désespéré. Mais en tant que chrétien, vous devez savoir : La lumière de Dieu brillera à nouveau sur vous. Faites confiance à Jésus, si vous souffrez. Et quand vous prenez conscience de votre culpabilité, donnez-la à Jésus. Ne vous sous-estimez pas !

Le roi prussien Friederich le Grand, était allé une fois dans une prison parce qu'il voulait prendre une photo de l'endroit. Il a demandé individuellement aux détenus pourquoi ils étaient en prison. Tout le monde lui a répondu : " C'était une erreur ", ou " Oh, le monde méchant... ", ou " C'était complètement faux la façon dont le juge l'a présenté ; je suis innocent ! Et à la dernière porte, quelqu'un a dit : "Je suis assis ici à juste titre - je suis assis ici parce que j'ai gagné cela pour mon péché." Alors le vieux Fritz lui crie dessus et lui dit : " Sors de la bande des justes ! Comment puis-je vous laisser corrompre ces gens vertueux ici ! Sortez d'ici ! "Ne retourne pas en prison pour moi.

Tel est Jésus. Celui qui se justifie ne peut pas se tenir devant Jésus. Mais quiconque s'en tient à sa culpabilité, l'avoue et la quitte, il sera acquitté. Jésus a toujours les oreilles ouvertes lorsque vous lui demandez honnêtement la grâce.
Tout comme David dans les versets 5+6 :

"Tourne-toi, ô Seigneur, et sauve-moi, aide-moi pour l'amour de ta bonté. Car dans la mort il n'y a pas de souvenir de toi ; qui te remerciera parmi les morts ?"

David ne veut pas accepter que Dieu l'ait abandonné. Il demande à Dieu de revenir à lui. Je me tourne à nouveau vers lui. Car Dieu est plein de bonté. Si Dieu se tourne avec bienveillance vers David, cela aura un effet positif sur les autres. Les gens diront :
"C'est le genre de Dieu que je veux !"
Les gens se tourneront vers Dieu et lui demanderont de la miséricorde. Ils se

repentiront !
Mais si Dieu laisse les gens mourir, alors cela ne lui sert à rien. Car dans le royaume des morts, il n'y a plus de louange à Dieu ! L'homme doit adorer Dieu depuis la terre, avec son corps, son âme et son esprit !
David semble n'avoir rien connu de concret sur la vie après la mort. Dieu n'a pas révélé grand chose à ce sujet à cette époque. Ce qui nous attend après la mort n'a été révélé que par la venue de Jésus dans ce monde. C'est ce qu'il est dit dans 2 Timothée 1:10 :
" Mais maintenant se révèle l'apparition de notre Sauveur Jésus-Christ, qui a pris le pouvoir de la mort et a mis en lumière la vie et un être incorruptible par l'Évangile.
En tant que chrétien, vous louerez et adorerez Dieu après la mort. Mais seulement quand vous avez pratiqué la louange ici sur terre ! Il est préférable de commencer aujourd'hui et de remercier Dieu pour tout. Cela peut apporter un changement dans votre souffrance !

Versets 9-11 : " Éloignez-vous de moi, tous les malfaiteurs, car l'Éternel entend mes cris. L'Éternel entend ma supplication, l'Éternel accepte ma prière. Tous mes ennemis seront honteux et consternés, ils reculeront et auront soudain honte.

Il y a un moment, David était impuissant et dévasté. Mais soudain, David est accablé par la certitude que Dieu s'est tourné vers lui. Que Dieu a vu ses pleurs et entendu sa prière. Il sait soudain que Dieu a pardonné ses péchés !
Soudain, il voit ses ennemis avec des yeux complètement différents. L'ennemi est à un poste perdu. Parce que quand ils le combattent, ils combattent Dieu ! Ils ne parlent pas non plus avec un corps plein, confiant dans la victoire. Mais David sait que Dieu les surprendra et qu'ils n'atteindront pas leurs mauvais desseins. Ils vont soudainement périr !

Tu connais celle-là ? Tu vois tout en noir et tu ne sais pas comment continuer. Vous priez et ne voyez aucun changement. Mais soudain, vous êtes pris. Soudain, vous avez une idée et vous avez le courage et la joie de la mettre en pratique. C'est de la pitié ! Dieu intervient et les pleurs s'arrêtent ! Des pleurs viennent le courage et même la joie ! Tu es rempli de la certitude que Dieu changera tout pour le bien ! De certitude :

- "Mon péché est pardonné !
- Il n'y a plus rien entre moi et Dieu !
- Je suis l'enfant de Dieu !
- Et Dieu est avec moi dans tout ce qui vient !"

C'est comme ça : si Dieu est pour nous, alors personne ne peut être contre nous !

Peu importe le nom de vos ennemis : peur, doute, reproche, impuissance, solitude... C'est une bonne décision de venir devant Jésus avec ces ennemis. Pour abandonner ses propres péchés à Jésus. Et pour invoquer ce que Jésus a promis ! Avec Jésus, tout le monde trouvera de l'aide !
C'est ce que Jésus représente avec son nom. Car Jésus est appelé Jehoshua en hébreu. Comment cela se traduit-il ?

- Yahvé est le salut.

Ainsi, en Jésus, le salut de Dieu est venu à nous !
Par conséquent, acceptez Jésus, laissez-vous sauver de vos péchés par la repentance. Et Dieu est avec vous !

Psaume 25

TOUJOURS BIEN ASSURÉ

1 De David.

Pour toi, ô Seigneur, demande-moi.

2 Mon Dieu, j'espère en toi ; que je ne sois pas confus, de peur que mes ennemis ne se réjouissent à mon sujet.

3 Car nul ne sera confus, celui qui t'attend ; mais les méprisants insouciants seront confus.

4 Éternel, montre-moi tes voies, et enseigne-moi tes sentiers

5 Guide-moi dans ta vérité et enseigne-moi. Car tu es le Dieu qui m'aide ; je t'attends chaque jour.

6 Souviens-toi, Éternel, de ta miséricorde et de ta bonté, qui sont de toute éternité.

7 Ne te souviens pas des péchés de ma jeunesse et de mes transgressions, mais souviens-toi de moi selon ta miséricorde, ô Éternel, à cause de ta bonté.

8 L'Éternel est bon et juste ; c'est pourquoi il conduit les pécheurs dans la voie.

9 Il guide le malheureux avec droiture, et il enseigne aux pauvres sa voie.

10 Les voies de l'Éternel sont la bonté et la fidélité à tous ceux qui gardent son alliance et ses commandements.

11 A cause de ton nom, Éternel, pardonne-moi mon iniquité, qui est si grande

12 Qui est l'homme qui craint l'Éternel ? Il lui montrera le chemin à choisir.

13 Il habitera dans le bien, et sa famille possédera le pays.

14 L`Éternel est l`ami de ceux qui le craignent, Et il leur fait connaître son alliance.

15 Mes yeux sont toujours sur l'Éternel ; car il fera sortir mon pied du filet.

16 Tournez-vous vers moi et ayez pitié de moi, car je suis seul et malheureux.

17 La crainte de mon coeur est grande ; sortez-moi de ma détresse.

18 Regarde ma douleur et ma misère, et pardonne-moi tous mes péchés.

19 Voyez combien sont mes ennemis, et haïssez-moi injustement.

20 Garde mon âme et sauve-moi ; ne me fais pas honte, car je crois en toi.

21 L'innocence et l'honnêteté peuvent me protéger, car je t'attends

22 Dieu, retire Israël de toute sa détresse.

Toujours bien assuré

Un professeur de religion a un jour raconté à ses élèves l'histoire de l'apaisement de la tempête. Avec un enthousiasme débordant, il a décrit comment les disciples étaient ballottés dans le bateau par le vent et les vagues. Et il a dit : "Que croyez-vous que les disciples pensaient ?" Puis l'un d'entre eux a crié spontanément : "Espérons que Allianz soit assurée !"
Oui, les disciples étaient assurés. Pas avec l'Alliance. Ils avaient leur assurance dans le bateau. Ils ne savaient tout simplement pas qu'ils étaient également assurés contre les tempêtes avec Jésus. C'est pourquoi

a paniqué. Assez ennuyeux, si vous êtes assuré et que vous ne réclamez pas l'assurance !
Dieu invite chacun à prendre personnellement une assurance avec lui. Il assume toute la responsabilité de la vie. Il paie aussi toutes les dettes. Et l'assurance ne vous coûtera pas un centime !
Un de ses assurés nous a écrit le psaume du jour. C'est le roi David. Il a fait un usage puissant de l'assurance de Dieu. Et il a toujours su que cette assurance ne le laisserait jamais tomber. Cette expérience l'a amené à écrire cette œuvre d'art !
Dans le texte de base en hébreu, vous pouvez voir que David est passé par l'alphabet hébreu. Il a fait commencer chaque phrase par une lettre dans l'ordre de l'alphabet. Ce n'est que dans les versets 2, 5, 18 et 22 qu'il a fait une exception. David a mis l'art au service de Dieu !
Jusqu'à ce jour, on peut honorer Dieu avec créativité et art !

À quoi sert l'assurance du roi David auprès de Dieu ? Il souligne ici trois avantages :

1. Toujours sur la bonne voie

> Versets 1-3 : "De David. Pour toi, ô Seigneur, demande-moi. Mon Dieu, j'espère en toi ; que je n'aie pas honte, que mes ennemis ne se réjouissent pas à mon sujet. Car nul n'aura honte de celui qui vous attend, mais les méprisants insouciants auront honte.

David exprime combien il aspire à Dieu. Parce qu'il sait que Dieu veut toujours bien faire avec lui. S'il compte sur Dieu, alors il ne sera déçu en aucune façon. Vivez-vous aussi avec cette conviction ? Si tu t'es rassuré auprès de Dieu par Jésus, et que des doutes surgissent en toi, alors dis à Jésus
"Votre police d'assurance stipule que quiconque s'appuie sur Dieu Je veux y croire de tout mon coeur, comme David l'a fait !"
Cela vous renforcera dans la foi !
David a également dû faire face à des doutes, car sa vie a été très malmenée à

plusieurs reprises. Mais la pensée que Dieu pouvait l'abandonner, il ne l'a pas permis. Quand le doute s'est emparé de lui, il a appelé Dieu, comme il l'a fait ici. Et il a gardé à l'esprit ce que Dieu lui a promis. Dieu a promis que seuls ceux qui méprisent Dieu et ses offres seront déshonorés. Mais jamais ceux qui ont clairement choisi Dieu. Ça l'a encore dégrisé. Et il demandait Dieu à nouveau.

Connaissez-vous le désir de Dieu ? Que désirez-vous dans votre cœur ?

- Pour la santé ?
- La richesse et le bonheur ?
- Reconnaissance et honneur ?
- Travail et succès ?

Quel désir est caché dans ton cœur ? Ce qui est dans votre cœur guide votre vie. Tant que vous n'aspirez pas à Jésus, vous ne pouvez pas être guidé par Dieu sur un bon chemin !

David dit clairement au verset 3 que quiconque a une fausse confiance finira par être déçu et honteux. Que vous vouliez l'entendre ou non. C'est ainsi !
Mais celui qui vit avec Dieu n'aura jamais honte. Vous pouvez compter sur ça complètement !
Noé, par exemple, s'est complètement appuyé sur Dieu. Et quand Dieu lui a dit de construire une arche, il l'a fait. Humainement parlant, c'était une absurdité totale. Mais Noah n'est pas venu pour avoir honte. Chaque croyant en fera l'expérience jusqu'à aujourd'hui !

Ludwig Doll a été le fondateur de l'orphelinat et de l'institut missionnaire de Neukirchen. C'était un homme qui avait un très grand courage de foi. Mais ensuite, son travail a traversé une crise. Cela a traîné en longueur et de nombreux indices laissaient présager qu'il allait devoir mettre fin à son travail. Ludwig Doll se découragea complètement et dit à un assistant : "Je ne pense pas qu'on y arrivera, après tout." Alors l'assistant a pris sa Bible et lui a lu le Psaume 25:3 et a dit, "Alors je rayerai le K ici aussi, de sorte qu'il soit dit, 'Celui qui te sert sera déshonoré, et celui-là sera déshonoré. Les yeux de Ludwig Doll s'illuminèrent à nouveau et il cria : " Non, tu as raison, le diable ne devrait même pas nous frapper le K ! Et Poupée Ludwig n'a pas eu honte. Son œuvre existe encore aujourd'hui !
Pensez-vous parfois que Dieu vous détruira ? Alors vous serez le premier en qui Dieu n'accomplira pas sa parole !
Mais Jésus a dit Matthieu 5:18 :
"En vérité, je vous le dis : Jusqu'à ce que le ciel et la terre passent, pas la moindre lettre ni le moindre point de la loi ne passeront, jusqu'à ce que tout soit fait."
Par conséquent, prenez les promesses de la Parole de Dieu au sérieux et **attendez** Dieu !

Harren veut dire :

- S'abandonner à la sainte volonté de Dieu.
- Faire confiance à la bonne direction de Dieu, même quand les choses se passent très différemment.

David aussi. C'est pourquoi il prie dans les versets 4+5 :

> "Seigneur, montre-moi tes voies et enseigne-moi tes sentiers. Guide-moi dans ta vérité et apprends-moi ! Car tu es le Dieu qui m'aide, et je te regarde chaque jour."

David veut être guidé par Dieu. Car il sait que les voies de Dieu sont toujours bonnes ! David a aussi parfois glissé du chemin de Dieu. Mais il le regretta profondément et demanda à Dieu de lui pardonner. Donc il s'est remis sur la bonne voie. Et parce qu'il savait à quelle vitesse il pouvait glisser à nouveau, il a demandé à Dieu de le guider correctement. Il était convaincu des versets 8 à 10 :

> "L'Éternel est bon et juste ; c'est pourquoi il guide les pécheurs. Il guide le misérable à juste titre et enseigne au misérable son chemin. Les voies de l'Éternel sont la bonté et la fidélité à tous ceux qui gardent son alliance et ses commandements.

Quels mots glorieux ! Néanmoins, très peu sont prêts à suivre le chemin de Dieu. La plupart croient qu'ils trouveront une vie accomplie sur le chemin du péché. Et ces chemins mènent à des problèmes toujours plus importants !
Wolfgang Dyck l'a très bien dit :
"De la rupture avec Dieu découlent toutes les autres ruptures : cambriolages, adultères, ruptures de contrat et ruptures de paix."
Pourtant, nous pouvons l'avoir si bien sur le chemin de Dieu. Car Dieu est par nature **bon et juste**. Et ses méthodes aussi. Il n'y a pas un homme qui suit les voies de Dieu et qui dira à la fin : " J'ai gaspillé ma vie ! Je n'aurais jamais dû fouler le chemin de Dieu !"

Mais si vous pensez : " Je vais dans la voie de Dieu. Mais je rencontre tant de besoins. Je suis dans le pétrin en ce moment !" Alors, prenez pour toast ce qui est écrit ici au verset 9. Dans ta misère, tu seras bien guidé. Et juste dans votre mauvaise situation, vous apprenez à connaître les voies de Dieu. Seules les bonnes choses peuvent venir du bon Dieu. Avec lui, vous êtes toujours bien assuré. Ne vous orientez donc pas sur les circonstances actuelles, mais sur ce que Dieu a promis. Vous verrez, votre foi et votre patience porteront leurs fruits !

L'assurance de Dieu vous promet que vous serez toujours sur la bonne voie. Et elle vous promet aussi

2. Toujours innocent

> Verset 11 : "A cause de ton nom, Seigneur, pardonne-moi mes offenses, qui est si grand !"

David sait qu'il ne viendra pas à Dieu en vain avec cette demande. Car le pardon des péchés est ce que Dieu aime faire aux êtres humains ! Le péché est la cause de tous les problèmes qui existent sur terre ! Mais personne ne peut résoudre le problème du péché. L'homme peut faire un effort pour être pieux comme il veut. Néanmoins, il continuera à pécher. Mais le Dieu Tout-Puissant a créé une façon pour un être humain de se tenir devant Dieu complètement sans péché. Qu'est-ce que Dieu a fait ?
Esaïe 53:6 : *"L'Éternel a jeté tous nos péchés sur lui."*
Dieu a puni Jésus, Son Fils, pour nos péchés ! Jésus a expié tous les péchés qui se sont produits dans le monde ! Et celui qui accepte Jésus et lui confesse ses péchés peut être sûr : "Devant Dieu, je suis toujours innocent !"
Parmi tout ce que Dieu fait, le pardon des péchés est le plus élevé. Rien ne glorifie plus son nom que cela. Cela correspond pleinement à ce que Dieu est au plus profond de son être. Il est plein de bonté et de pitié. Cela signifie : Dieu est bon et il aime faire du bien aux gens. David le sait, c'est pourquoi il prie au verset 6 :

> "Souviens-toi, ô Éternel, de ta miséricorde et de ta bonté de toute éternité."

Les caractéristiques que Dieu a depuis l'éternité sont la bonté et la miséricorde. C'est la nature de Dieu ! C'est exactement ce que vous trouverez sur le chemin de Dieu !
David a écrit 23:6 dans le psaume :
"La bonté et la miséricorde me suivront tous les jours de ma vie."
David vit dans la conviction que peu importe ce qui lui arrive - il ne peut s'agir que de la **bonté et de la miséricorde de** Dieu ! On ne peut pas toujours le dire de l'extérieur. En effet, les diamants sont souvent livrés dans des emballages discrets pour dissimuler leur valeur. Si vous recevez des paquets envoyés par Dieu qui sont assez grossièrement emballés, alors ne vous inquiétez pas de l'emballage. Vous pouvez être sûr qu'il y a du bon dans ce spectacle. Et que Dieu est miséricordieux envers vous avec ce spectacle !
Il honore Dieu quand, comme David, vous lui rappelez sa bonté et sa miséricorde dans la prière. Et puis demande-lui de ne pas penser aux péchés que tu lui as déjà confessés. David dit au verset 7 :

"Ne te souviens pas des péchés de ma jeunesse et de mes transgressions, mais souviens-toi de moi selon ta miséricorde, ô Seigneur, pour ta bonté."

La plupart diraient : " Ce qui était autrefois est oublié depuis longtemps. Enfant et adolescent, j'étais juste naïf !" Mais David ne le voit pas de cette façon. Il sait qu'un péché commis par un homme demeure. Ils ne peuvent pas être enlevés. Et David se tient maintenant debout qui sait quelle insouciance de sa jeunesse devant ses yeux. Peut-être la façon dont il a blasphémé sur les autres, ou la façon dont il a menti à ses parents. Quelque chose se tient devant ses yeux et il pense : " Quel idiot j'ai été ! Si imprudent, si audacieux, si inconsidéré. Dans l'exubérance de ma jeunesse, j'ai chevauché sur les points faibles des anciens. ...vous calomnier comme étant arriéré !"
Un très grand nombre de personnes souffrent de blessures psychologiques. Les erreurs qu'ils ont commises les hantent et les torturent. Et peu importe avec quoi ils se distraient, - ils reviennent toujours !
Non, tu ne peux pas défaire ce que tu as fait avant. C'est juste une partie de la vie !
Peut-être que c'est ce que David traversait. Et que fait-il ?

- Il fait exactement la bonne chose. Il ne cache pas ses péchés. Il ne les rabaisse pas et ne les passe pas sous silence, mais il se tourne plutôt vers Dieu dans la prière et Lui demande pardon !

David fait référence à la nature de Dieu, qui ne change jamais. C'est la bonté et la miséricorde !
Parce que Dieu est bon et qu'il aime faire le bien, il a créé un moyen pour l'homme de se débarrasser de ses péchés, de mettre son passé en ordre et de guérir son âme :

- Il s'est sacrifié pour nous !
- Il a réparé tous les péchés qui ont été commis à travers le monde avec Son sang sur la Croix !

Celui qui demande à Jésus le pardon de ses péchés ne le demande jamais en vain. Jésus fait que vous êtes à nouveau comme si vous n'aviez jamais péché aux yeux de Dieu !

Dieu vous assure que vous serez toujours innocent devant lui !
Et sa compagnie d'assurance vous garantit autre chose :

3. Toujours protégé

Versets 12+13 : " Qui est l'homme qui craint l'Éternel ? Il lui montrera le chemin à choisir. Il habitera dans le bien, et sa postérité héritera du pays."

David pose ici une question d'auto-examen : "Craignez-vous **l'Éternel ?"** Ça veut dire : "Respectez-vous Dieu ?" Si c'est le cas, vous n'avez rien d'autre à craindre. Alors vous êtes sur la bonne voie. Alors votre avenir est assuré. Vous baignerez littéralement dans la bonté et vous vivrez dans le Royaume de Dieu. Ouais, alors vous avez Dieu comme ami !
C'est ainsi que David l'exprime au verset 14 :

"L'Éternel est l'ami de ceux qui le craignent, et il leur fait connaître son alliance ."

Les amis de Dieu sont sous une protection très spéciale de Dieu.
Le réformateur écossais John Knox s'asseyait toujours au bout de la table pendant les repas. Un soir, il a eu l'impression que sa place devait rester libre. Il s'est assis ailleurs. Il ne savait pas pourquoi il l'avait fait. Cette nuit-là, quelqu'un lui a tiré dessus. La balle est sortie par la fenêtre et a effleuré la chaise où John Knox avait l'habitude de s'asseoir.
Sans aucun doute, cette balle lui était destinée. Mais John Knox avait eu Dieu comme ami. Il était assuré par Dieu !
Soyez sûr : Si vous vous êtes allié avec Dieu, alors vous êtes protégé par la plus haute puissance sur terre, dans toutes les situations !

David le savait. C'est pourquoi il a toujours concentré ses yeux intérieurs sur le verset 15 de Dieu :

"Mes yeux sont toujours fixés sur l'Éternel, car il tirera mon pied du filet."

Ce que l'on veut dire, c'est : " Je me concentre sur Dieu. Mes pensées sont concentrées sur Dieu. Car Dieu me délivrera de tous les pièges où mes pieds s'emmêlent !"
Qui sait que de nombreuses mauvaises manières, vous avez déjà été sauvés parce que vous avez dirigé vos sens vers Dieu. Et si vous êtes tombé dans un piège à péché, alors concentrez-vous sur Jésus. Demandez-lui de vous libérer du pouvoir qui vous retient captif !

Dans les versets 16-22, David nous donne un exemple pratique de la façon dont il parle à Dieu quand il est pris au piège :

"Tournez-vous vers moi et soyez gentil avec moi, car je suis seul et misérable. La crainte de mon cœur est grande ; conduisez-moi hors de mes ennuis ! Regardez ma misère et ma misère et pardonnez-moi tous mes péchés ! Voyez combien de mes ennemis sont et me haïssent à tort.

Garde mon âme et sauve-moi ; ne me laisse pas avoir honte, car j'ai confiance en toi ! L'innocence et l'honnêteté peuvent me protéger, car j'ai confiance en toi. Dieu, délivre Israël de toute sa misère !"

Nous voyons ici que même les croyants peuvent se sentir très seuls. Devoir supporter de grandes peurs !
David a prié Dieu et lui a demandé d'avoir pitié de lui. Il était conscient que sa mauvaise situation pouvait être liée à ses péchés. Alors il a demandé à Dieu de lui pardonner !
Les gens sont très pondérés lorsqu'il s'agit de reconnaître le lien entre leur péché et leur besoin. Mais c'est évident :

- Si vous choisissez de mentir, vous choisissez les problèmes.
- Celui qui choisit les mauvais ragots contre son voisin choisit la tristesse !

Il en va de même pour la décision de se livrer à des relations sexuelles extraconjugales, à l'alcoolisme excessif, à l'ésotérisme, à l'évasion fiscale, à la fraude à l'assurance et à bien d'autres choses encore. De telles choses mènent à la peur, à l'attachement et au désespoir. C'est pourquoi il y a tant de problèmes dans notre État. Mais aussi dans les communautés chrétiennes.
Jésus offre le salut ici !

Soyez sûrs : si vous êtes en sécurité avec Jésus-Christ, vous ne périrez pas. Quel que soit votre besoin. Jésus est fidèle et miséricordieux. S'il vous laissait tomber, il devrait cesser d'être Dieu. Alors il serait un menteur !
Mais Dieu ne donne pas une mauvaise réputation à son assurance. Le Dieu qui est la vérité en personne vous garantit que vous êtes toujours bien assuré avec lui. Si vous abandonnez tous vos péchés à Jésus et l'acceptez dans votre vie, alors vous avez pris une assurance. Et vous pouvez être rassuré :
Vous êtes toujours sur la bonne voie !
Même si vous glissez hors du chemin, vous êtes toujours innocent devant Dieu !
Et avec chaque danger qui se présente, vous êtes toujours protégé !

Psaume 26

SOUFFRIR DE FAUSSES ACCUSATIONS

1 De David. Seigneur, donnez-moi raison, car je suis innocent ! J'espère dans le Seigneur, donc je ne tomberai pas.

2 Éternel, éprouve-moi, éprouve-moi, éprouve mes reins et mon coeur

3 Car ta bonté est sous mes yeux, et je marche dans ta vérité

4 Je ne m'assieds pas avec des gens impies et je n'ai pas de communion avec les mauvais.

5 Je hais l'assemblée des méchants, et je ne veux pas m'asseoir avec les méchants.

6 Je me lave les mains dans l'innocence, et je me garde, ô Éternel, près de ton autel,

7 pour te remercier à haute voix et pour annoncer tous tes prodiges.

8 Éternel, j'aime le lieu de ta maison et le lieu où demeure ton honneur.

9 Ne raclez pas mon âme avec les pécheurs, ni ma vie avec les sanguinaires,

10 Dont les mains sont pleines de honte, et qui sont heureux de recevoir des cadeaux.

11 Mais je vais mon chemin dans l'innocence. Délivre-moi et sois miséricordieux envers moi !

12 Mon pied se tient fermement sur le côté droit du sol. Je louerai le Seigneur dans les congrégations.

Souffrir de fausses accusations

En 1894, l'officier français Alfred Dreyfus a été banni à vie sur l'île du Diable en Amérique du Sud pour trahison présumée. Mais il s'est avéré qu'il était juif et qu'il était victime d'une conspiration antisémite. Il a donc été libéré en 1899. Mais personne ne pouvait compenser la souffrance intérieure causée par les terribles humiliations.
Dans une autre affaire, Harry Wörz a été condamné à la prison à vie en 1997 pour avoir prétendument failli étrangler son ex-femme à mort. Mais après 11 ans, il a été libéré parce qu'il s'est avéré qu'il était innocent. Le pouvoir judiciaire a pris une décision unilatérale. Qui peut compenser ses années perdues et son angoisse mentale ?
En 2002, l'enseignant Horst Arnold a été condamné à 5 ans de prison pour avoir prétendument violé sa collègue Heidi K. Ce n'est qu'après avoir purgé sa peine en prison qu'il s'est avéré qu'il était innocent. Son collègue l'a faussement

accusé. Elle voulait se débarrasser de lui pour pouvoir obtenir son travail à l'école ! Il est mort d'une insuffisance cardiaque en 2012. Résultat de nombreuses années d'humiliation.

Le juge de la Cour fédérale Ralf Eschelbach déclare qu'en Allemagne, on estime à 650 le nombre de personnes soupçonnées à tort d'un crime chaque jour. C'est un verdict sur quatre !

Oui, quand on se retrouve entre les griffes des mauvaises personnes, ça peut devenir très compliqué. Ce que les gens qui sont accusés à tort doivent subir est très, très mauvais !

Chacun de nous peut sûrement vous dire une chose ou deux sur la façon dont les autres lui ont fait du tort et sur la façon dont il a été maltraité. La plupart du temps, c'est juste des trucs inoffensifs. Mais si vous vous défendez avec des arguments et que les autres n'achètent pas vos arguments, alors cela remue vraiment l'âme. A un moment donné, vous ne pouvez plus rien expliquer ni corriger parce que personne ne veut vous croire ! On se retrouve seul comme un menteur !

Le roi David a dû ressentir la même chose. Dans ce psaume, il écrit sa prière, qu'il a dû prier dans sa grande détresse spirituelle. Ses ennemis l'ont faussement accusé. On ne sait pas pourquoi. Ils l'accusent de crimes qu'il n'a pas commis !
Voyons maintenant comment il se comporte dans sa situation désespérée.

> Verset 1 : "De David. Seigneur, jugez-moi bien, car je suis innocent !
> J'espère dans le Seigneur, donc je ne tomberai pas."

David se tourne vers Dieu avec son grand besoin. Il le supplie de l'aider. Dieu devrait intervenir et lui rendre justice.
Oui, si quelqu'un a reçu de Dieu une tâche avec beaucoup de responsabilité, il doit aussi être capable de supporter certaines choses. Parce que les gens qui sont au front subissent de lourdes attaques. Et ils peuvent être très seuls parfois !
Celui qui occupe un poste à responsabilité a besoin de personnes qui le soutiennent afin qu'il n'ait pas à porter seul le fardeau de la responsabilité et des attaques !
Mais il y a aussi des situations où vous êtes déçu d'apprendre que ceux qui devraient être derrière vous travaillent contre vous. Alors on a de très mauvaises cartes. Les arguments ne sont souvent pas utiles !
David semble être dans une telle situation. Mais il n'est pas désespéré, parce qu'il sait

- qu'il est innocent,
- qu'il peut se tourner vers Dieu,
- que Dieu ne l'abandonnera pas parce qu'il l'espère !

Mais les fausses accusations tourmentent encore son âme. Nous le savons par les nombreux psaumes de David. Il y décrit comment ses pouvoirs sont paralysés. Comme il se sent seul. Et il ne connaît pas de sortie. Seulement le refuge de Dieu. Il sait que Dieu veillera à sa justice !
Rappelez-vous : Si vous vous sentez très mal mentalement, cela n'a pas nécessairement à voir avec votre foi personnelle. La foi en Jésus-Christ ne génère pas automatiquement de beaux sentiments. La foi et les sentiments sont deux choses différentes. Dieu veut seulement voir votre foi. Il veut vous voir vous accrocher à lui et vous réfugier avec lui dans son besoin. Les sentiments viennent souvent beaucoup plus tard.
Souvent, les chrétiens font l'erreur de penser qu'ils ne sont pas vraiment des croyants parce qu'ils se sentent si mal. Imaginez aller chez le médecin. Il vous prescrit un médicament que vous devez prendre quotidiennement. À la maison, tu les prends. Tu te sentiras mieux tout de suite ?

- Non !

Et si vous n'êtes toujours pas bien après quelques jours, vous allez arrêter de prendre le médicament ?

- Certains le font. Et c'est une grosse erreur !

Il est important de faire confiance au médecin et de prendre le médicament tel que prescrit par le médecin. Même s'il n'y a pas d'amélioration au début. C'est comme ça que tu te rétablis !
C'est la même chose avec la prière pour l'aide. Lorsque vous serez racheté, demandez à Jésus de vous aider dans votre besoin. Faites-lui confiance pour avoir le pouvoir de retourner vos problèmes. Ou faire quelque chose de bien de ta misère. Souvent, vous ne verrez aucun changement au début. Mais croyez comme David : **"Je ne tomberai pas !"** Vivez par cette foi, même si votre situation ne change pas. Ou pire encore. Vous verrez que Jésus vous aidera !

Souvenez-vous de Daniel : ses collègues de travail l'intimidaient. Ils lui ont tendu un piège et ont réussi à faire accuser Daniel à tort devant le roi et ont obtenu la peine de mort. Mais Dieu a préservé sa vie et l'a amenée à une grande gloire !

Ou pense à Josef. Qu'est-ce que ses frères lui ont fait ? Parce qu'ils étaient jaloux de lui, ils l'ont enfermé dans une citerne et l'ont ensuite vendu comme esclave à l'Egypte. Plus tard, sa femme Potifar l'a faussement accusé de vouloir la violer. Ainsi Joseph alla innocemment en prison. Mais après des années, Dieu lui a donné raison et il est devenu un homme respecté !

Ou le prophète Jérémie. Il a proclamé la Parole de Dieu de façon claire et directe. Il a donc été jeté dans une citerne boueuse. Mais à la fin, Jeremiah était le héros ! Dieu lui a donné raison !

Ne pensez pas que vous devez être mieux lotis que les autres modèles dans la foi. Si vous vivez clairement votre foi chrétienne, alors vous finirez par rencontrer de la résistance. Dites à quelqu'un : "Depuis que je me suis converti à Jésus, je suis un enfant de Dieu !" Alors vous aurez probablement la réponse indignée, "Nous sommes tous les enfants de Dieu !" C'est parti : "Vous n'êtes pas tolérant, vous êtes unilatéral, peu aimant, etc. Mais Jésus dit : "Tu as raison !" Alors qui vas-tu écouter ?
Jésus a annoncé que dans les derniers jours, l'injustice prendra le dessus. L'amour va se refroidir chez beaucoup. Le bien sera perverti en mal. On nous appellera des ennemis. C'est affreux !
David s'est tourné vers le Dieu qui est juste dans une telle situation. Et Dieu lui a donné raison !
Orientez-vous en fonction de cela, et non pas en fonction de ce que vous ressentez en ce moment !
Bien sûr, parfois nous nous blâmons nous-mêmes pour nos propres malheurs. Je peux aussi me dire que les autres me traitent injustement. Ils ont raison, et je ne vois pas l'intérêt ! David ne voulait pas se faire d'illusions à ce sujet. C'est pourquoi il s'est tenu devant Dieu avec les paroles suivantes versets 2+3 :

"Eprouve-moi, ô Seigneur, et éprouve-moi, fouille mes reins et mon coeur ! Car ta bonté est sous mes yeux, et je marche dans ta vérité."

Seuls ceux qui ont la conscience tranquille peuvent demander à Dieu de les tester ! Aurais-tu le courage de demander à Dieu une telle chose ? Eh bien, je ne pouvais pas prier comme ça. Parce que Dieu n'aura certainement pas à chercher longtemps quelque chose pour me déclarer coupable.
Mais la demande de David dans notre Psaume ne fait référence qu'aux accusations que les ennemis voulaient porter contre lui. La conscience de David est parfaitement claire. Il sait qu'il n'est pas coupable de ce qu'ils lui reprochent. Mais s'il a tort, que Dieu le corrige. Il est prêt pour ça !

C'est donc ce que fait le grand roi d'Israël face à l'injustice qui lui est faite !
Faites de même quand vous êtes faussement accusé ! Des prières si sincères auxquelles Jésus répond volontiers. Et il aime vous montrer où vos ennemis ont raison. Et il vous le montrera de façon à ce que vous puissiez le supporter.
Car qu'est-ce que David a à l'esprit quand il prie comme ça ?

- **Oh, bonté divine** ! (verset 3)

David sait que Dieu est bon. Il sait que Dieu ne lui jettera pas simplement toute sa méchanceté. Dieu ne surcharge personne, mais si une personne vient honnêtement devant Dieu et lui demande de la clarté pour sa vie, alors Dieu lui

montre tellement, combien une personne peut supporter. Et il le signale de telle manière que l'homme puisse le supporter. David le sait. C'est pour ça qu'il peut prier comme ça !
Votre Dieu de test est miséricordieux. En tant que chrétien, vous n'avez rien à craindre de lui. S'il te traîne en justice, c'est seulement pour que tu te sentes mieux. De ne jamais vous détruire !

Voyons comment David continue à prier les versets 4+5 :

> "Je ne m'assieds pas avec des gens profanes et je n'ai pas de communion avec
> le mauvais gars. Je hais les assemblées de méchants et je ne m'assieds pas avec les méchants."

Beaucoup de chrétiens aujourd'hui ont des problèmes avec ces déclarations. Car Jésus nous a donné un autre exemple. Jésus a cherché les pécheurs des couches les plus basses et a vécu avec eux. Paul dit aussi qu'il est devenu Juif pour les Juifs et Grec pour les Grecs. C'est pourquoi, dans les communautés chrétiennes d'aujourd'hui, on prêche constamment qu'il faut se mettre en relation avec les pécheurs. Que nous devons les trouver là où ils sont. Comment d'autre peuvent-ils prendre conscience de Jésus ? C'est logique et c'est bien. Alors pourquoi David, dans sa prière ici, fait-il référence à sa séparation des pécheurs ? Et le présente aussi comme exemplaire ? N'a-t-il pas maintenu le contact avec les pécheurs ?

- Bien sûr qu'il l'a fait !

Comment pourrait-il être roi d'Israël, s'il ne cherchait que le contact avec les croyants ? Il ne pouvait pas éviter les pécheurs quand il était roi.
David est ici pour quelque chose de complètement différent. Il ne s'occupe pas des impies en tant que tels, mais des assemblées où les impies font leurs plans impies. Où la vérité est déformée et l'injustice est redressée. Il ne veut rien avoir à faire avec de telles méthodes !
David s'inquiète ici des ennemis qui lui rendent la vie si difficile. Il ne veut pas inventer des mensonges sur les autres, comme elle le fait, pour les mettre en colère. Il ne veut rien avoir à faire avec de telles personnes qui lui conseillent de faire des plans sournois pour se débarrasser de ses ennemis. Une fois que David l'a fait. Afin de dissimuler son adultère avec Bethsabée, il a fait tuer secrètement le mari de Bethsabée. Mais il s'est repenti de cela !
David veut être juste. Il aurait eu le pouvoir de faire taire ses ennemis avec des astuces du métier. Mais ce n'est pas une voie pour lui. David se détourne de tous ceux qui lui conseillent de le faire !
En tant que chrétiens, nous devons prendre cela à cœur. Notre mission est de construire des relations avec nos semblables. Peu importe qui ils sont. Mais en aucun cas nous ne devons apprendre de leurs mauvaises manières. Seulement

quand vous remarquez que les incroyants deviennent trop forts pour vous, alors, au nom de Jésus, rompez votre relation avec eux !
Vivez comme une lumière dans l'obscurité ! Mais ne laisse pas ta lumière s'éteindre !
Je n'ai pas besoin de devenir un fumeur pour atteindre les fumeurs avec l'évangile. Aussi pas un joueur de Toto Lotto sera d'atteindre les joueurs. Mais je peux, par exemple, devenir membre d'un club de tennis de table, ou d'un groupe de randonnée pour établir des relations avec les incroyants !
Paul avait des contacts avec toutes sortes de gens athées. Mais il ne les a pas appelés ses frères. Il n'a jamais écrit qu'il les désirait ardemment !
Jésus n'allait pas non plus chez les putains et les collecteurs d'impôts, car il se sentait si bien en leur compagnie. Il ne leur a jamais parlé de ses craintes ou de ses désirs personnels. Mais il l'a fait parmi ses disciples. Il leur confia ce qu'il avait dans le cœur !

- A qui ouvrez-vous votre coeur ?
- De qui voulez-vous de l'aide ?
- De qui prends-tu conseil ?
- En quelle compagnie te détends-tu vraiment ?
- Quelles sont les personnes qui vous conseillent ?

Ce serait mauvais si c'était des gens qui ne connaissaient pas les commandements de Dieu !

David continue à prier les versets 6 et 7 :

"Je me lave les mains de toi, et je me tiens devant ton autel, ô Éternel, pour rendre grâces à haute voix, et pour faire éclater tous tes prodiges.

Se laver les mains dans l'innocence est une allusion à un acte symbolique dans la loi de Moïse. C'était pour confesser publiquement que l'on n'a rien à voir avec un meurtre qui s'est produit (Exode, 21:6).
Donc, ce que David essaie de dire ici, c'est qu'il n'a rien à voir avec les crimes dont il est accusé !

David témoigne par cette prière devant Dieu qu'il veut tirer sa puissance de Dieu. Pas de la communauté des pécheurs !

Il cherche l'**autel de** Dieu. Que veut-il de l'autel ?

- Expiation.
- Les sacrifices, par gratitude et joie envers Dieu !

Si vous êtes accusé à tort par les autres, il est important que vous alliez à l'autel.
Quel autel avons-nous dans le NT ?

- C'est la croix !

Ici, votre injustice sera expiée. Ici, vous serez rempli d'amour. Ici, votre cœur est rempli de gratitude. Le refuge à la croix donne du soutien et de la force dans toutes les situations difficiles !

Et une autre chose est importante, le verset 8 :

> "Seigneur, j'aime le lieu de ta maison, et le lieu où ton honneur habite."

A droite et à gauche, les grenades frappent David et David va à l'office !
Le lieu saint à cette époque était le tabernacle. Des services religieux solennels y ont été célébrés. Dieu a été adoré et loué par des chants sacrés. Ici, David se sentait vraiment à l'aise !
Ceci est en contraste frappant avec les assemblées où le péché est incubé. David les détestait !
Chaque chrétien né de nouveau peut bien comprendre l'amour de David pour la maison de Dieu. En tant que chrétien, il est difficile de survivre si vous n'êtes qu'avec des gens sans Dieu. Un chrétien est poussé vers l'église des chrétiens. S'il n'en était pas ainsi, les chrétiens persécutés ne se réuniraient pas. Les chrétiens persécutés sont le meilleur exemple du fait qu'un chrétien sans église manque quelque chose de décisif !
Surtout dans les moments où vous devez souffrir, où vous êtes accusé d'injustice, il est bon d'avoir une église. Ici, vous rencontrez des gens qui partagent les mêmes intérêts et les mêmes joies. Qui vous comprennent bien et vous soutiennent. Ici, Dieu est adoré à voix unie. Tu ne peux pas faire ça bien tout seul !
Et seul, il est difficile d'être instruit dans la Parole de Dieu. La puissance, la joie dans la Parole de Dieu, ne se manifeste pas avec autant de force pendant l'étude personnelle. C'est pourquoi les croyants recherchent les rencontres avec des personnes qui partagent les mêmes idées. Car ici, Dieu est présent. Et tu peux lui balancer tout ce qui te tracasse.

C'est ce que fait David dans les versets 9-12 :

> "Ne combattez pas mon âme avec les pécheurs, ni ma vie avec les sanguinaires, dont les mains sont couvertes de honte et qui aiment recevoir des cadeaux. Moi, par contre, je fais mon chemin dans l'innocence. Délivre-moi et sois miséricordieux envers moi ! Mon pied est fermement planté sur le sol droit. Je louerai le Seigneur dans les congrégations."

David ne veut pas finir là où les pécheurs confiants viendront. Par conséquent, sa vie est une véritable protestation contre le mal. Il nage, comme un poisson vivant, à contre-courant. Toute sa vie est imprégnée d'une profonde confiance en Dieu. Cela l'aide à surmonter toutes les injustices qu'il doit subir.

Il peut arriver à n'importe lequel d'entre nous qu'il soit faussement soupçonné et accusé. Cela peut causer une souffrance massive. Apprenez de David et faites comme lui :

- Il s'est accroché à Dieu même si ses sentiments étaient au sous-sol.
- Il s'est tenu devant Dieu avec une conscience claire et s'est laissé tester par Lui. Il avait la bonté de Dieu sous ses yeux.
- Il s'est tenu à l'écart des rassemblements des mauvaises personnes. Il ne voulait pas apprendre de leurs méthodes.
- Il a eu sa plus grande joie quand il était dans la maison de Dieu. Là, il a loué Dieu avec les croyants.

Marchez sur ce chemin, et vous serez victorieux !

Psaume 32

POURQUOI AVONS-NOUS BESOIN DU PARDON DES PÉCHÉS ?

1 Un enseignement de David.

Béni soit celui qui est pardonné pour ses transgressions, qui est couvert de péché !

2 Béni soit l'homme à qui le Seigneur n'accorde pas de crédit, et dans l'esprit duquel il n'y a pas de tromperie.

3 Car quand je l'aurais caché, mes os se sont desséchés par mes lamentations quotidiennes.

4 Car ta main s'est appesantie sur moi jour et nuit, et ma sève a séché, comme elle sèche en été. SELA.

5 C`est pourquoi je t`ai confessé mon péché, et je n`ai pas caché mon iniquité. J'ai parlé : Je confesserai mes transgressions au Seigneur. Puis tu m'as pardonné la culpabilité de mon péché. SELA.

6 C'est pourquoi tous les saints te prieront au temps de la crainte. Par conséquent, quand de grandes inondations viennent, elles ne les atteindront pas.

7 Tu es mon parapluie, tu me protégeras de la crainte, afin que je puisse louer avec joie mon salut. SELA.

8 Je t'instruirai et je te montrerai le chemin que tu dois suivre ; je te guiderai de mes yeux.

9 Ne soyez pas comme les chevaux et les mulets, qui sont sans intelligence, auxquels il faut mettre une bride et un mors ; autrement ils ne viendront pas à vous.

10 Le méchant a un grand fléau ; mais quiconque espère en l'Éternel, la bonté le saisira.

11 Réjouissez-vous en l'Éternel, et soyez dans l'allégresse, justes, et réjouissez-vous, vous tous qui êtes droits.

<u>Pourquoi avons-nous besoin du pardon des péchés ?</u>

Le célèbre professeur de théologie Julius Schniewind a dit un jour à Paul Deitenbeck
"Vous parlez beaucoup de la sanctification et de la croissance dans la foi, mon cher, et c'est bien ainsi. Mais tu sais ce qui est le plus important ? C'est le pardon

des péchés."
Et dans le processus, Julius Schniewind avait les larmes aux yeux.
Il a raison ! Il est très important de parler de la façon dont un chrétien devrait vivre. Le travail social chrétien est également important. De la même manière, les conseils de vie chrétienne. Mais tant qu'une personne n'a pas reçu le pardon de ses péchés, elle vit complètement la vie passée !
Le péché est le plus grand mal que nous, les humains, avons. Tout problème qui existe provient du péché. On le sait grâce à la Bible. Mais la Bible explique aussi comment la puissance du péché est brisée. Et c'est exactement le message chrétien. Le message chrétien est appelé :

- Tu peux te débarrasser de la merde de ta vie !
- Tu peux commencer une toute nouvelle vie !

Le pardon des péchés est la plus grande offre que Dieu nous offre à nous, les humains ! Le pardon des péchés est plus que toute connaissance de Dieu. Plus que toute expérience religieuse. Nous pouvons l'apprendre du psaume d'aujourd'hui.

Le Psaume était le préféré du Père Augustin de l'Église. Il a souvent pleuré en lisant ce psaume. Et comme il était couché sur son lit de mort, il fit écrire ce psaume sur le mur. Ce sont les mots qu'il avait à l'esprit à l'heure de sa mort. Et avec ce réconfort, il est mort !

Le psaume est écrasé par la parole

"Un enseignement de David."

David était le roi le plus important du peuple d'Israël. Il a vécu vers 1000 avant J.-C. Il a vécu dans une relation très intense avec Dieu. Et il est présenté dans la Bible comme un grand exemple dans la foi. Il nous transmet ici une expérience importante. Cette expérience l'a tellement touché qu'il a écrit ce psaume, probablement une chanson, à ce sujet. Il nous explique à quoi sert le pardon des péchés.

1. Le pardon des péchés vous rend en bonne santé

Versets 1+2 : " Heureux celui à qui les transgressions sont pardonnées, à qui le péché est couvert ! Heureux l'homme à qui l'Éternel n'impute pas de faute, dans l'esprit duquel il n'y a pas de tromperie !"

Alors David dit : " Si tes péchés sont pardonnés, alors tu ne peux qu'être félicité ! Rien de mieux ne peut t'arriver !"
Pardonner signifie enlever pour qu'il ne soit plus là. Aucun homme n'est capable d'enlever les péchés. Aucune méditation, aucun baptême, aucun travail

et aucun argent ne peut enlever le péché d'une personne. Mais Dieu nous aime tellement qu'il a créé une façon pour nous d'enlever notre péché. Ça lui a coûté une somme incroyable. Dieu a dû massacrer et maudire son propre fils. C'était le seul moyen de nous libérer du péché !

Tu vois comme le péché est tragique ? Dieu a fait de son fils notre dépotoir. Jésus est le seul moyen de se débarrasser des ordures que nous produisons. Et Jésus enlève complètement notre péché. Pour qu'il ne reste rien !
Le prophète Michée dit que Dieu jettera nos péchés dans les profondeurs de la mer (Michée 7:19). Et pas comme le styromousse qui réapparaît, mais comme le plomb qui reste au fond. Et Dieu écrit à ce moment : "La pêche est interdite !"
Celui qui se repent de son péché et le confesse à Jésus est aux yeux de Dieu comme s'il n'avait jamais péché auparavant !
Mais malheureusement, la plupart des gens ne vont pas par là. Au lieu de laisser Jésus leur pardonner leurs péchés, ils veulent se rendre justes. Tu te rends innocent. Ils couvrent leurs propres péchés. Ces personnes ne sont pas à féliciter. De telles personnes sont à plaindre.
David a ressenti sur sa propre peau ce que signifie se justifier. Il en parle dans les versets 3+4 :

> "Car quand je le cachais, mes os se desséchaient à cause de mes gémissements quotidiens. Car ta main était lourde sur moi jour et nuit, que ma sève était séchée comme elle l'est en été."

David dit : " J'ai péché et je l'ai gardé secret. Ma conscience a crié, mais je l'ai retenue. J'étais constamment occupé à couvrir le péché des gens. J'ai toujours eu peur que ça sorte. J'étais si désespérée que même mon corps est tombé malade !"
Tu connais celle-là ? La conscience qui ne vous laisse pas dormir ?
Je le connais bien. Si je me dispute avec ma femme et que je ne veux pas me réconcilier. Nous avions l'habitude de rester éveillés la moitié de la nuit ensemble. Je ne pouvais pas dormir. Jusqu'à ce que finalement les mots de la réconciliation arrivent. Et immédiatement, j'ai pu dormir !
La conscience de beaucoup de gens brûle à cause d'un mensonge. Ou le vol, la fraude fiscale, la prostitution, les bagarres. Les gens trouvent toutes sortes d'excuses. Essayez de vous calmer :
"Il n'y a rien de mal à ce que tu as fait !"
Mais l'agitation intérieure demeure. Il vous torture. Jusqu'à ce que son corps tombe malade. Les maladies psychosomatiques sont ce que nous appelons aujourd'hui. Beaucoup de gens souffrent de maux d'estomac, de problèmes cardiaques, d'hypertension et de dépression dus à un péché impardonnable. Et puis ils prennent toutes sortes de pilules et de narcotiques. Et c'est pourquoi ils détruisent d'autant plus l'organisme.

Le corps a besoin d'un tout autre type de médecine. A savoir la confession des péchés !
Le péché est un poison mortel ! La culpabilité n'est pas traitée en la laissant s'éteindre. Tant que le péché sera supprimé, il continuera à revenir. Vous n'aurez pas la paix, mais vous aurez des ennuis avec vos semblables. Vous serez insatisfait de vous-même. Tu as des problèmes de foi. Vous serez sans stress dans tous les domaines. Votre santé se détériorera malgré votre régime alimentaire complet !

Comprenez-vous maintenant pourquoi David félicite ceux qui ont été pardonnés pour le péché ?

David témoigne de sa propre expérience au verset 5 :

> "C'est pourquoi je t'ai confessé mon péché, et je n'ai pas caché mon infidélité. J'ai parlé : Je confesserai mes transgressions au Seigneur. Alors tu m'as pardonné l'offense de mon péché."

La misère a conduit David à une sage décision. Il a dit son péché devant Dieu. Et par la confession, le pouvoir du péché a été brisé !
C'est un miracle quand une personne admet son péché. Regarde-toi. Aimez-vous admettre votre culpabilité ?
Ce n'est facile pour personne. Souvent, la culpabilité est admise de cette façon :
"Ouais, j'ai été dur la dernière fois qu'on s'est disputés. Mais lui et lui étaient encore pires. C'est évident que je suis devenu si dur !"
Est-ce la confession de culpabilité dont parle la Bible ?

- Non. Nous ne trouvons pas de tels exemples dans la Bible !

Je dois me dire : si vous voulez avoir la conscience tranquille, ne cherchez pas à blâmer les autres ! Regarde ta culpabilité ! Et confessez Jésus, là où vous avez transgressé ! Et si vous avez fait du mal aux gens par votre faute, alors réparez cela aussi devant les gens ! Ce n'est qu'alors que votre conscience s'installera ! Et peut-être même que ton corps ira mieux !
Comme Jacques le dit dans Jacques 5:16 :
"Confessez vos péchés et priez les uns pour les autres afin d'être guéris."
Mais celui qui est trop fier pour admettre son péché est en route vers l'enfer, avec les tourments de son âme et de son corps !
Mieux vaut être son propre accusateur que d'accuser les autres. Dites comme le fils prodigue dans Luc 15:12 :
"Père, j'ai péché contre le ciel et devant toi ; je ne suis plus digne d'être appelé ton fils."
Jésus ne rejettera pas une telle confession repentante !

Un brahmane est venu une fois chez un évêque indien. Il voulait devenir chrétien. Car il a regardé les chrétiens et il lui est apparu que le Christ peut transformer les gens. Puis l'évêque a dit : " Cela me surprend beaucoup. Récemment, des prêtres de leur région sont venus me voir. Ils étaient très tristes de la vie des chrétiens, qui violent toujours les commandements de Dieu de tant de façons et font honte à leur Seigneur". Ce à quoi le brahmane répondit : " Je connais très bien les erreurs des chrétiens, peut-être même mieux que les prêtres. Et pourtant, les chrétiens sont différents. Ils sont différents même dans le péché. Car ils peuvent se repentir."
Le repentir n'est pas connu des païens. Comme c'est bon d'être chrétien !
Lorsque nous confessons nos péchés à Jésus, nous devenons sains en esprit, en âme et, si besoin est, aussi en corps !

Et quiconque reçoit ses péchés pardonnés par Dieu, un nouveau besoin surgit :

2. le pardon des péchés va à Dieu

Verset 6 : "C'est pourquoi tous les saints te prieront au temps de la détresse."

David sait par sa propre expérience que puisque Dieu a pardonné ses péchés, il est attiré par Dieu. Il a en lui le désir d'être en étroite communion avec Dieu. Et c'est la même chose pour chaque être humain. Quiconque a été pardonné de ses péchés par Jésus a un grand désir pour Jésus. Il veut apprendre à connaître Jésus de mieux en mieux, alors il lit régulièrement la Bible. Garde le contact avec lui dans la prière. Parce qu'il sait que Jésus s'intéresse à chaque croûte de sa vie et qu'il est heureux de l'aider !
David le dit au verset 6 :

"Ainsi, quand de grandes inondations viendront, on ne se souviendra pas d'elles
...pour y arriver."

Les **inondations** sont une image de malheur. Les épreuves déchaînées causent aussi des ennuis aux croyants. Mais ils ne peuvent pas éloigner les croyants de Dieu. Parce que si vous croyez en Jésus, alors vous êtes dans la main de Dieu. Aucun chagrin et aucune détresse ne peuvent vous arracher de la main de Dieu. Car vous vivez par le pardon des péchés. Dieu est miséricordieux envers vous. Il vous porte. Il n'y a personne à qui Jésus pardonne les péchés et le laisse ensuite seul !
Chaque chrétien peut dire comme David au verset 7 :

"Tu es mon parapluie, tu me protégeras de la peur, pour que je me glorifie du salut."

Le bouclier est une image de protection. Dieu protège tous ceux à qui il a pardonné les péchés. Nous sommes attaqués de tous côtés. Mais en même temps défendue de tous côtés avec le bras puissant de Dieu. Ceux qui saisissent cela - comment pourraient-ils encore aimer le péché ? Les personnes sauvées sont exhortées à plaire à Dieu et à louer Dieu. Ils veulent donner de la joie à Dieu avec toute leur vie. A de telles personnes, Dieu dit le verset 8 :

"Je vais vous instruire et vous montrer la voie à suivre."

Dieu veut **instruire** son peuple sauvé. Que nous enseigne Dieu ?

- pour reconnaître le péché.
- pécher immédiatement.
- Pour vivre dans l'obéissance à Dieu.

Dieu vous donne toujours un conseil : "Méfiez-vous de tout péché !" Si vous suivez ce conseil, le péché ne vous rendra pas malade. Si vous laissez Dieu vous enseigner, vous deviendrez de plus en plus sensible à toutes les tentations. Et vous développez une aversion pour le péché !
Vous êtes à envier si vous pouvez haïr le péché. Vous savez pourquoi ?

- Parce qu'alors Dieu vous guidera avec ses yeux !

C'est ce qui est dit au verset 8 :

"Je te guiderai avec mes yeux."

Tu sais comment faire, **guider avec tes yeux** ?
Vous connaissez la situation : les invités viennent et les enfants se comportent très mal. Et parfois, il suffit à la maman de jeter un coup d'œil à l'enfant. L'enfant sait immédiatement ce que le regard signifie. Cela signifie que vous devez diriger avec vos yeux !
Et devinez quoi ? L'enfant ne veut pas regarder la mère. Alors la mère ne peut pas guider l'enfant avec ses yeux. Elle doit alors lui adresser un mot sévère. Ou recourir à des mesures plus sévères.
C'est la même chose pour nous. Si vous ne regardez pas Jésus, alors il ne peut pas vous guider avec ses yeux. C'est qu'il doit te prendre par la main. C'est pourquoi David dit au verset 9 :

"Ne soyez pas comme les chevaux et les mulets, qui sont sans intelligence, qu'il faut bride et denture, sinon ils ne viendront pas à vous.

Celui qui ne se laisse pas guider par les yeux doux de Dieu, Dieu doit le traiter comme un animal. Celui qui ne se laisse pas guider par la voie douce de Dieu, sentira la voie stricte de l'éducation de Dieu. Mais il vaut toujours mieux être traité par l'éducation stricte de Dieu que d'être en proie au péché. Parce que l'éducation de Dieu veut guérir l'homme. Mais le péché veut corrompre l'homme !

> Verset 10 : "Le méchant a un grand fléau ; celui qui espère en l'Éternel sera rempli de bonté.

Celui qui ne respecte pas les commandements de Dieu se cause beaucoup de peine. Mais si vous voulez expérimenter combien Dieu est bon et doux, tout ce que vous avez à faire est de laisser votre vie à Dieu !
Seuls ceux qui osent confier leur vie à Jésus-Christ feront l'expérience de la perfection des voies de Dieu. Il ne pourra que se réjouir en son Dieu !

> Verset 11 :"Réjouissez-vous en l'Éternel, et soyez dans l'allégresse, justes, et réjouissez-vous, vous tous qui êtes justes.

Personne ne peut nous donner une plus grande joie que Dieu. Celui qui a Dieu a la plénitude. Avec Dieu seul, tous nos désirs sont satisfaits !

Il était une fois une femme mourante. Elle avait une maladie incurable. Deux amis lui ont rendu visite. Ils voulaient prier avec elle et demander à Jésus de les guérir. Et un des hommes lui a demandé :
"Si Jésus venait à vous maintenant et vous demandait Quel mot voulez-vous entendre de ma bouche ? Que répondriez-vous alors ?"
La femme malade a dit : " Si Jésus me demandait comme ça, je lui demanderais : Seigneur, dis encore cette parole : " Courage, ma fille, tes péchés sont pardonnés.
Quel mot aimeriez-vous entendre de la part de Jésus ?

- Est-ce que ça va aller ?
- Je t'enlève tes soucis ?

La femme mourante a compris ce qu'est le christianisme. Il s'agit de Jésus qui nous pardonne nos péchés !

Psaume 34, 1-11

MERCI DIEU

1 Par David, lorsqu'il était dans un état de folie devant Abimélec ; Abimélec le chassa, et il s'en alla.

2 Je louerai l`Éternel à jamais ; Sa louange sera dans ma bouche à jamais.

3 Mon âme se glorifiera de l'Éternel, Pour que les malheureux entendent et se réjouissent.

4 Louez le Seigneur avec moi, et glorifions ensemble son nom.

5 Quand j'ai cherché l'Éternel, il m'a répondu et m'a délivré de toute ma crainte.

6. Ceux qui le regardent brilleront de joie, et leur visage ne sera pas confus.

7 Et quand quelqu'un criait dans la détresse, l'Éternel l'entendait, et le guérissait de toutes ses afflictions.

8 L'ange de l'Éternel campe autour de ceux qui le craignent, et il les fait sortir.

9 Goûtez et voyez combien le Seigneur est bon. Béni soit celui qui a confiance en lui !

10 Craignez l'Éternel, vous ses saints. Car ceux qui le craignent ne manquent pas.

11 Les riches ont besoin et ont faim ; mais ceux qui cherchent l'Éternel ne manquent pas de biens.

Heureusement

Il était une fois un roi bienveillant. Il avait un cœur pour les pauvres et aidait à faire l'aumône là où il le pouvait. Chaque semaine, deux mendiants venaient à la porte de son palais et demandaient du pain. Un mendiant a loué le roi et sa bonté. L'autre a pris le pain en silence et a remercié Dieu. Cela ne plaisait pas au roi et il a affronté le mendiant. Mais le mendiant dit : " Si Dieu n'était pas si bon pour toi, tu ne pourrais rien me donner non plus ! La gloire appartient à Dieu."
Puis le roi voulut donner une leçon au mendiant et ordonna au boulanger de faire cuire deux pains complètement identiques. Mais dans celle où il doit faire cuire des pierres précieuses. Il doit alors veiller à ce que le mendiant, qui a toujours loué le roi, obtienne le pain avec les pierres précieuses. Le boulanger a fait ce que le roi lui a ordonné. Et quand le mendiant qui louait le roi eut le pain à la main, il remarqua que son pain était plus lourd que d'habitude. Il a dit que la pâte n'était pas bien cuite et que la pâte était encore humide à l'intérieur.

Alors il a innocemment offert son pain à l'autre mendiant. Il échangea volontiers son pain avec l'autre, loua Dieu et rentra chez lui. Il y mangea le bon pain, trouva les pierres précieuses et remercia Dieu encore plus, car maintenant il n'avait plus besoin d'aller mendier.
Quand le roi a entendu cela, il a dû se rendre compte que le mendiant avait eu raison. Dieu seul donne et agit. Même un roi ne peut faire que ce que Dieu veut et comme Dieu le veut.

Donc : Dieu merci ! La plupart des Allemands ont déjà dit cela. Mais lequel d'entre eux sait à quel point il a raison ? Derrière tout ce que nous vivons et faisons, Dieu est derrière tout cela. Il dirige et agit. Que nous voulions que ce soit vrai ou non !

C'est ce que David veut aussi dire dans le psaume d'aujourd'hui. Quand il a écrit ce psaume, il pensait à une situation très spécifique dans le premier verset de sa vie :

> "Par David, quand il s'est mis en colère devant Abimélek, et qu'Abimélek l'a chassé et qu'il est parti."

David fuyait le roi Saül. Saul avait cherché à le tuer. C'est là que David a eu l'idée d'aller à l'étranger par sécurité. Avec les Philistins. Les ennemis d'Israël. Et puis il s'est tenu devant **Abimélek**. C'était le titre des rois philistins. Le nom du roi était Achish. David a entendu les conseillers chuchoter au roi :
"C'est l'homme qui a tué Goliath, notre plus grand héros !"
Avec ces mots, ça a flashé dans l'esprit de David :
"Maintenant, c'est fini ! Ils vont me tuer maintenant !"
Et il a eu une idée brillante. Dans 1 Samuel 21:14, il est dit :
"Il se tint fou devant leurs yeux, et se mit à courir sous leurs mains jusqu'à la porte de la porte, et il laissa sa salive couler dans sa barbe.
Alors l'Abimélek Achish donna l'ordre d'expulser David du pays !

Ça aurait pu se terminer très différemment. Mais cette fois, ça s'est bien passé à nouveau.
Une chance ? Non. David dit : "Dieu merci !" Et il écrit ce lobpsalm !

C'est un psaume alphabétique. Cela signifie que les mots initiaux sont ordonnés selon la séquence des lettres de l'alphabet hébreu. Avec cette forme d'art poétique, David veut exprimer Dieu est avec nous de A à Z !
Mais pour que personne ne pense maintenant que ce que David écrit ici n'est qu'un travail de bureau à sec, ce psaume reçoit un titre. Le titre indique que nous ne rencontrons pas ici de la simple poésie. Mais ce qui est écrit ici est une expérience de vie pratique ! David écrit ce qu'il croit lui-même et ce qu'il a vécu !

1. Je tiens à remercier

> Verset 2 : "Je louerai toujours l'Éternel ; sa louange sera dans ma bouche à jamais.

David a pris la décision consciente de louer Dieu. Et **toujours** ! Peu importe les conditions de vie.
Il est nécessaire qu'un chrétien prenne cette décision. Parce que nous ne faisons pas seulement l'expérience de bonnes et belles choses dans nos vies. Certaines situations nous découragent. On connaît tous les moments où tu as envie de pleurer. Et certaines personnes, même des chrétiens, se sont mis à gémir. Quand ils ouvrent la bouche, ils gémissent. Ensuite, il n'y a que réprimandes et condamnations. Et une fois qu'une personne s'y est habituée, elle ne remarque plus la quantité de poison qu'elle pulvérise constamment. Comment il pollue son environnement. Comme il entraîne les autres dans une attitude négative envers la vie !
Mais David dit qu'il veut prendre l'habitude de faire l'éloge Il a décidé de louer et de remercier Dieu dans chaque situation. Les autres peuvent faire ce qu'ils veulent. Son cœur brûle pour Dieu !
Ce mode de vie veut être une invitation pour chacun de nous. Tant que tout se passe selon nos souhaits, il n'est pas difficile de louer et de remercier Dieu. Mais que se passe-t-il si la vie prend un tournant et que quelque chose de vraiment mauvais arrive ?
Ma femme a un cousin qui est mort d'un cancer à 34 ans. Il a laissé derrière lui une jeune femme avec deux enfants. Un enfant avait 9 mois à l'époque, l'autre 3 ans et demi. Ce serait une impertinence si l'on disait maintenant à la femme : " Tu ne dois pas te plaindre. Que la louange de Dieu soit toujours dans ta bouche !"

Non, David a écrit des psaumes de lamentations dans les situations difficiles de sa vie. Nous en avons beaucoup, beaucoup plus que des lobpsalms. Et Dieu nous invite dans la Bible, encore et encore, à déverser nos cœurs devant lui. Lorsque nous sommes conduits dans une situation difficile où nous ressentons de la peur, de l'insécurité, de la douleur ou de la tristesse, alors nous pouvons le dire à Dieu.
Dieu veut se prouver qu'il est un Seigneur merveilleux dans tous les aspects de notre vie. Dans la joie comme dans la douleur. Dans la maladie et dans la santé. Dans la guérison comme dans la mort. On peut le croire. Et nous le découvrirons aussi !

On peut se plaindre à Dieu dans l'adversité. Mais en même temps, au milieu de l'adversité, on peut décider : "**Je vais louer le Seigneur** !" Même si tu n'en as pas envie. Les sentiments ne doivent pas décider si j'adore Dieu ou non. Il ne s'agit pas d'une évasion de la réalité, mais plutôt d'un retour à la réalité invisible. C'est la foi :

- Dieu m'aime toujours.
- Ma vie est entre ses mains.
- Il va tout retourner.
- Je ne lâcherai pas Dieu, quoi qu'il arrive.

Si vous adorez Dieu de cette façon, alors vous le reconnaissez comme Dieu. Et pas comme votre mascotte !
L'adoration n'est pas une question de style de musique chrétienne, c'est une question de soi-même. Toi-même, toute ta vie, tu veux être une adoration de Dieu. Vous voulez donner à Dieu la joie de toute votre vie. Et au moment de l'adoration, vous exprimez en paroles ce que Jésus vaut pour vous. Combien vous avez besoin de lui. Et vous lui promettez votre loyauté ! Les mots expriment ce que vous vivez dans la vie de tous les jours !
Celui qui vit ainsi donne du courage aux autres dans le besoin par son attitude face à la vie. David le dit au verset 3 :

> "Mon âme louera le Seigneur, pour que les malheureux entendent
> et se réjouir."

Vous voyez : David encourage les gens dans le besoin par son culte. David a un coeur pour les gens qui sont dans la misère. Et tu sais ce que c'est ?

- Certainement parce que Dieu l'a conduit sur des chemins difficiles pendant des années !

Dieu a permis qu'il soit persécuté comme un homme innocent. Qu'il n'était pas sûr de sa vie. C'était une leçon importante pour toute sa vie. Car ainsi il a un cœur miséricordieux pour les faibles !
Ce n'est pas un art d'entraîner l'autre de plus en plus profondément dans l'incrédulité en se plaignant constamment. Mais il est bien mieux de relever les misérables en rendant grâce et en louant !
Que les **malheureux**, les âmes opprimées, entendent ceci et soient pris dans la louange verset 4

> "Louez le Seigneur avec moi et louons ensemble Son nom
> augmenter !"

Regardez bien. Il s'agit ici de la prière commune. Celui qui aime Dieu et le loue cherche des gens qui font de même avec lui. Juste des gens qui ont aussi décidé de remercier Dieu. Peu importe ce qui arrive.
David s'émerveille devant Dieu. Et ceux qui sont réunis avec lui s'émerveilleront avec lui de Dieu !
David ne donne ici aucune raison pour laquelle le **nom de** Dieu devrait être **exalté.** Dieu doit être honoré simplement parce qu'il est Dieu. Rien que pour

ça, il mérite tout le mérite !
Mais il y a aussi des raisons pour lesquelles Dieu devrait être adoré.

2. J'ai des raisons de remercier

> Verset 5 : "Quand j'ai cherché l'Éternel, il m'a répondu et m'a délivré de toutes mes craintes.

C'est la première raison de remercier Dieu. Nous avons un Dieu qui répond aux prières. Nous avons un Dieu qui nous a promis que quiconque l'appelle ne criera pas en vain. David a cherché Dieu et il lui a répondu et l'a sauvé de sa détresse.
Oui, notre foi chrétienne n'est pas une théorie. Aucune imagination non plus. Celui qui vit vraiment pratiquement avec Jésus fera l'expérience que Jésus vit vraiment !
Le pasteur Winrich Scheffbuch a dit qu'une fois quelqu'un est venu à lui et a voulu entrer dans l'église. Mais Winrich Scheffbuch a dit : "Ils ont besoin de Jésus !"
Il ne nous sert à rien si nous aimons être dans un environnement pieux. Pas même quand nous prions ensemble. Nous avons besoin d'une relation très personnelle avec Jésus-Christ. Cela seul est notre salut !

Quelqu'un a dit un jour : " Un téléphone est une chose utile quand on a besoin d'aide. Je n'en ai pas encore, parce que je ne veux pas être appelé tout le temps." C'est ce que certaines personnes font avec Jésus. Dans les moments de besoin, dans les situations de crise de la vie, ils font appel à Dieu et attendent une aide immédiate. Mais ils ne veulent pas que Dieu leur parle de quelque façon que ce soit. Une telle attitude est une insulte à Dieu. Dieu ne veut pas être l'accomplissement de nos souhaits. Il veut être le Seigneur de nos vies !

La peur est dans nos vies. Elle continue à nous attraper. Nous avons peur de certaines personnes, ou de certaines maladies, ou de l'avenir, ou de certaines menaces. Mais la peur peut être vaincue avec Jésus. J'ai entendu dire que les plus grands martyrs étaient des gens craintifs. Malgré leur crainte, ils restèrent fidèles à Jésus jusqu'à la fin. Ce n'était pas dû à sa grande confiance en soi. mais par la grâce de Dieu. Jésus aide et sauve en dépit de toute crainte.
Bien sûr, il peut aussi faire disparaître la peur. Ainsi, David témoigne au verset 5 :
"Et m'a délivré de toutes mes peurs."
Jésus agit différemment. Mais il répond à nos prières et nous aide. C'est le plus important !

Une des raisons de louer Dieu est - parce qu'il répond aux prières.
Et David donne une deuxième raison au verset 6 :

"Ceux qui le regardent brilleront de joie, et leur visage ne sera pas honteux."

Celui qui s'aligne avec Dieu ne finira pas en disgrâce. N'est-ce pas une raison de louer Dieu ? David nous invite à regarder Dieu.
J'ai fait de la toiture une fois. C'est là que j'ai appris à ne pas regarder en bas. Dès que je regarde en bas, ma sueur s'écoule violemment et je n'ose plus bouger. Une seule chose m'a aidé là-bas : Lève les yeux !
On doit regarder vers Dieu comme si on posait des tuiles sur le toit. Mais voir Dieu n'est pas à travers les yeux. Cela dépend de la vision intérieure du cœur.
Il est important d'être conscient :

- Le Seigneur est avec moi.
- Je ne suis pas laissé au hasard.
- Je veux le remercier.
- Il est Dieu et je suis son enfant.
- Même maintenant, j'ai affaire à la miséricorde de Dieu !

Verset 7 : "Quand quelqu'un criait dans la détresse, l'Éternel l'entendit et le délivra de tout
...ses besoins."

Peut-être que David ici présent pense à lui. Il était souvent **dans la misère** et au danger de sa vie. Mais il trouvait toujours de l'aide quand il criait vers Dieu. Ses cris de prière nous sont transmis dans de nombreux psaumes. On peut y voir que David a simplement dû endurer le temps du besoin. Mais il n'a jamais perdu de vue Dieu !
Un homme a mis le slogan au-dessus de son bureau :
"Pourquoi prier quand on peut s'inquiéter ?"
Je m'inquiète trop aussi. C'est pourquoi je dois me demander consciemment, encore et encore :
"Mais maintenant je veux prier et ne pas m'inquiéter !"
Tu peux prendre l'habitude de t'inquiéter de tout. Mais vous pouvez aussi prendre l'habitude de prier !
On ne sait pas ce qui est vraiment bon pour nous. Nous sommes seulement invités à prier. Louer Dieu, le remercier et lui demander ce que nous pensons être juste. Dieu fera tout le reste en son temps !
Dieu répond à la prière et il aide dans tous les besoins.

David donne une troisième raison pour laquelle il adore le verset 8 de Dieu :

"L'ange du Seigneur campe autour de ceux qui le craignent, et les aide."

Nous pouvons nous attendre à ce que les **anges de** Dieu campent autour de nous comme une armée de guerre. C'est ce qui nous est promis ici ! Ils nous servent sans qu'on s'en rende compte. Qui sait combien de fois les anges ont été à l'œuvre sans que nous le remarquions. Nous avons ici la promesse qu'il en est ainsi. Les anges de Dieu sont comme un mur protecteur autour des croyants. Ils nous aident toujours. Ils nous protègent pour que notre pied ne heurte pas une pierre. Il n'y a rien de mieux que d'obtenir de l'aide quand vous en avez besoin !
David tient les promesses de Dieu. Il compte sur l'intervention de Dieu tous les jours. Celui qui compte avec Dieu de cette façon aura aussi des expériences de foi tout à fait réelles. C'est ce que David nous invite à faire au verset 9 :

> "Goûtez et voyez comme le Seigneur est bon. Béni soit celui qui est sur Épouse-le !"

David invite - à faire l'expérience de Dieu. Notre Dieu n'est pas une théorie. Notre Dieu vit et peut être expérimenté dans la vie. Il dit :
"Goûtez à la bonté de Dieu ! Pourquoi ne pas aller avec lui ? Vous connaîtrez la bonté de Dieu si vous ne faites que le goûter !"
La relation de vie personnelle avec Jésus peut confirmer à tous qu'il en est ainsi ! La délicatesse de Dieu nous restera inconnue jusqu'à ce que nous la goûtions !
J'ai déjà eu à faire face à un problème en moi qui m'a vraiment perturbé. Je pensais que je devais m'en occuper moi-même. Et soudain, j'ai eu exactement la bonne réponse dans une conversation. Je ne m'attendais pas à ça. Le problème avait disparu ! Là, j'ai de nouveau fait l'expérience de la bonté de Dieu d'une manière très pratique !

> Versets 10 + 11 : " Craignez l'Éternel, vous ses saints ! Car ceux qui le craignent ne manquent pas. Les riches ont besoin et ont faim, mais ceux qui cherchent l'Éternel ne manquent d'aucun bien.

Parce que Dieu est si bon, nous devrions le **craindre**. Craindre Dieu, c'est reconnaître Dieu comme Dieu. Laissez-le en charge de votre vie. Faites-lui confiance et demandez-lui, même si cela se passe très différemment !
Chaque chrétien fera l'expérience que certains de ses souhaits restent insatisfaits. Mais il n'y a pas d'homme qui craigne l'Éternel !
C'est ce que les disciples de Jésus avaient à dire lors du dernier repas. Jésus leur a demandé Luc 22:35 :
"Quand je t'ai envoyé sans sac à main, sans sac, sans chaussures, as-tu jamais manqué ? Ils n'ont jamais parlé."
Ils étaient sur la route depuis environ 3 ans sans rien et ne savaient même pas où poser leur tête. Mais à la fin, ils ne peuvent que dire avec gratitude combien ils ont bien fait avec Jésus. Il y a beaucoup de choses que tu n'avais pas. Mais

ils n'ont jamais été courts !

C'est toujours Dieu qui nous laisse vivre et qui pourvoit à nos besoins. Pas votre propre force. Il n'y a donc rien de plus élevé que de le remercier et de s'accrocher à lui !
Avec Dieu, on ne vit pas sans problèmes. Mais on est retenu, abrité et jamais abandonné. Dieu merci !

Psaume 34, 12-23

RECETTE DES BONS JOURS

12 Venez ici, les enfants, écoutez-moi. Je vais vous apprendre la crainte du
Seigneur.

13 Qui voudrait bien vivre et voir de bons jours ?

14 Garde ta langue du mal, et tes lèvres des paroles trompeuses

15 Éloignez-vous du mal et faites le bien ; cherchez la paix et poursuivez la
paix.

16 Les yeux de l'Éternel observent les justes, Et ses oreilles leurs cris.

17 La face de l'Éternel est contre tous ceux qui font le mal, pour retrancher
leur nom de la terre.

18 Quand les justes crient, l'Éternel entend et les délivre de toute leur
détresse.

19 Le Seigneur est proche de ceux qui ont le coeur brisé, et il aide ceux qui ont
le coeur brisé.

20 Le juste doit souffrir beaucoup, mais l'Éternel l'aide de tout cela.

21 Il garde tous ses os pour lui, afin qu'aucun ne soit brisé.

22 Le malheur tuera les méchants, et ceux qui haïssent les justes tomberont
dans l'iniquité.

23 L`Éternel rachètera la vie de ses serviteurs, et tous ceux qui se confient en
lui seront délivrés de l`iniquité.

Recette pour les bons jours

Un jour, le grand violoniste Paganini s'est tenu devant le public. Et quand il a voulu commencer à jouer, il a découvert qu'il ne tenait pas son précieux violon dans sa main, mais un violon étranger. Il s'est mis derrière le rideau et a été horrifié de découvrir que quelqu'un avait volé son précieux instrument et avait plutôt mis un violon très ordinaire devant lui. Pendant un moment, il a été paralysé par la peur. Puis il s'est présenté devant le public avec les mots suivants :

"Mesdames et messieurs. Je vais maintenant leur montrer que la musique n'est pas dans l'instrument, mais dans l'âme."

Et il a joué comme il n'avait jamais joué avant. Il a obtenu la plus merveilleuse musique du violon inférieur. Le public était très enthousiaste. Les applaudissements ont été écrasants. Le grand artiste avait prouvé que la musique n'était pas dans son instrument mais dans son âme.

C'est ce qui est bien avec les chrétiens. Jésus a planté la paix et l'amour de Dieu dans nos âmes. Nous avons la paix non seulement quand nous sommes bien portants, mais aussi quand nos vies sont bouleversées. Non seulement nous sommes fidèles à Jésus quand nous sommes bien, mais notre foi reste inchangée même dans la plus grande tribulation. Nous aimons non seulement les gens qui nous aiment, mais aussi ceux qui sont contre nous !
Celui qui peut vivre ainsi a le vrai bonheur de la vie dans son âme !

Comment peut-on arriver à une vie aussi épanouie ?
Le roi David nous donne une recette pour cela dans le psaume d'aujourd'hui.

1. Craindre et aimer Dieu

Au verset 12, David fait une invitation :

"Venez ici, les enfants, écoutez-moi ! Je veux que vous sachiez que la peur de la
Que Yahvé enseigne !"

David a un message pour les **enfants**. Ils devraient être façonnés avec sagesse dès le début. Pour qu'ils deviennent capables de voir à travers les mensonges de la vie et de les rejeter !
Mais les enfants comprennent aussi des adultes qui sont prêts à apprendre quelque chose de bon. Qui ne le disent pas :
"J'ai assez appris, je n'ai pas besoin de plus de leçons !"
C'est une mauvaise attitude. Les gens comme ça sont difficiles à gérer.
Dieu a aussi des problèmes avec de telles personnes. C'est bien si tu restes avide d'apprendre comme un enfant. Surtout quand il s'agit de la sagesse de la vie. Et la sagesse à laquelle David invite tout d'abord est : la **crainte de Dieu** !
Quelle est la crainte de Dieu ?
Le roi Salomon dit :
"La crainte du Seigneur est le début de la connaissance." (Proverbes 1, 7)
Il dit donc : seul l'homme qui craint Dieu commence vraiment à comprendre !
Et le grand homme de Dieu Job dit :
"La crainte de l'Éternel est la sagesse, et l'évitement du mal est l'intelligence." (Job 28, 28)
Sage est donc l'homme qui craint Dieu et évite le mal ! Nous craignons Dieu quand nous reconnaissons que Dieu est Dieu. Si nous nous inclinons devant lui et sommes d'accord avec lui. Si nous l'acceptons dans nos vies et le laissons nous façonner. Même si cela interfère avec nos plans de vie. C'est la peur de Dieu. Et c'est la sagesse.
Martin Luther l'a très bien exprimé en disant
"Nous devons craindre et aimer Dieu."
Nous ne devons pas simplement avoir peur de Dieu, mais nous devons l'aimer

en même temps !
Si vous aimez Dieu, Dieu vous fait parfois peur. Celui qui n'a jamais eu peur de Dieu ne connaît pas encore Dieu. Car quiconque traite avec Dieu, Dieu lui montre ses péchés. Par exemple le prophète Esaïe. Il a un aperçu du monde invisible de Dieu. Et la première chose qu'il dit, c'est :
"Malheur à moi, je péris ! Car je suis des lèvres impures, et j'habite au milieu d'un peuple de lèvres impures ; car j'ai vu de mes yeux le roi, l'Éternel des armées. (Esaïe 6:5)
Ce n'était pas différent avec Peter. Quand Jésus lui a montré quelque chose de sa puissance miraculeuse, il a dit
"Seigneur, éloigne-toi de moi ! Je suis un homme pécheur." (Luc 5:8)
Tant que nous serons des pécheurs, nous aurons peur de Dieu. Mais en même temps, nous avons le droit de l'aimer. Car il nous a donné son fils pour la rémission de nos péchés. Celui qui l'accepte est sauvé et est doté de l'Esprit de Dieu et de ses fruits. Celui qui a vécu cela, ne veut plus pécher. Une telle personne aime poser des questions sur les commandements de Dieu.
Nous craignons Dieu quand nous avons peur de pécher parce que nous offensons alors notre Dieu bien-aimé. C'est la crainte de Dieu et l'amour en un !
C'est pourquoi David dit dans les versets 13+14

"Qui voudrait bien vivre et voir de beaux jours ? Protégez votre Langue pour le mal et tes lèvres pour qu'elles ne disent pas de mensonges."

L'apôtre Pierre cite cette bonne recette dans 1 Pierre 3:10-12, donc c'est aussi une recette du Nouveau Testament pour les bons jours. Si vous voulez bien vivre, vous devez d'abord désintoxiquer l'environnement interpersonnel ! Il faut qu'on en arrive à une relation détendue entre nous. Et non pas en essayant de rééduquer l'autre, mais en l'acceptant, avec toutes ses fautes et ses faiblesses !
La moquerie des autres doit également être éliminée. L'humour est bon. L'humour est un don de Dieu. Avec cela, vous pouvez vous donner à vous et à vos semblables beaucoup de joie. Mais je sais par moi-même combien il est facile de traverser la frontière et de causer des problèmes ! Combien vite il peut arriver que dans la bonne humeur, vous inondiez les autres d'esprit et de ridicule et que vous vous rendiez important. Je dois être très prudent et m'arrêter à temps. Et là où je suis allé trop loin, je dois m'excuser.

Notre langue a un grand pouvoir. On peut faire beaucoup de bien avec elle. Mais aussi causer beaucoup d'ennuis !
Un jeune homme a été puissamment interpellé par le sermon lors d'une croisade. Il voulait aller voir le pasteur et parler. Mais il entendit un homme de l'assemblée se plaindre du prédicateur, disant qu'il n'est pas instruit et qu'il ne

peut pas prêcher correctement. Cela a donné au jeune homme une aversion pour la prédication. Il ne voulait plus rien savoir de la foi chrétienne. Il est entré en mauvaise compagnie et est allé en prison.
C'est la langue, si nous, en tant que chrétiens, ne la maîtrisons pas consciemment avec l'aide de Jésus !

Au verset 15, il y a une autre indication de la manière dont la crainte de Dieu et l'amour sont exprimés :

> "S'éloigner du mal et faire le bien."

La peur de Dieu et l'amour s'expriment en se détournant du **mal** et en faisant le **bien** ! Et pourtant, nous pensons parfois que nous trouvons notre bonheur en dehors des commandements de Dieu. Adam et Eve le pensaient aussi. L'expérience amère qui a suivi leur a appris, à eux et à nous, que c'est un mensonge. Sans Dieu et ses commandements, il n'y a rien de bon !
Jésus a dit : *"Personne n'est bon, sauf Dieu seul."* (Marc 10:18)
Ainsi, quiconque cherche et veut faire le bien doit d'abord trouver et recevoir le bien. A savoir Dieu, Jésus. Ensuite, Jésus nous montre ses commandements. Et nous donne la force de le faire !
Il y a suffisamment de gens qui se croient pieux parce qu'ils ne font pas certaines choses :

- Ils ne se soûlent pas,
- ils ne jurent pas,
- ils ne brisent pas le mariage,
- ils ne racontent pas de blagues cochonnes.

C'est ce qu'a dit le pharisien dans le temple :
"Je te remercie, Dieu, de ne pas être comme les autres, les voleurs, les tricheurs, les adultères, ou même ce publicain." (Luc 18:14)
Si vous ne menez pas une vie honteuse, cela ne signifie pas que vous plaise déjà à Dieu. Dieu ne veut pas seulement que nous laissions le mal être, mais en même temps il veut que nous fassions le bien !
Imaginez que vous engagiez un jardinier pour votre jardin. Et après une semaine, vous lui demandez comment est le jardin et il vous dit : " Je n'ai pas cassé de branches. Je n'ai pas cassé cette clôture. Je n'ai pas marché sur les fleurs. Je n'ai mangé aucune des fraises." Vous allez le récompenser ? Non ! Vous ne le payez pas pour ce qu'il n'a pas fait. S'il n'a rien fait, il n'aura rien !
C'est aussi ainsi que Dieu veut voir nos bonnes œuvres, que nous avons faites avec lui et à sa gloire !
Et c'est ce qui rend notre vie magnifique. Faire de bonnes œuvres avec Jésus, c'est amusant !

Au verset 15, David donne un conseil pour les beaux jours :

"Chercher la paix et la poursuivre."

Où chercherons-nous la **paix** ?
L'apôtre Paul dit : *"Il* (Jésus) *est notre paix."* (Ephésiens 2:14)
En dehors de Jésus, il n'y a pas de vraie paix à trouver. Celui qui veut la paix doit se repentir et accepter Jésus. Alors on fait la paix avec Dieu !

De cette paix, nous pouvons alors obtenir la paix avec nous-mêmes. Alors nous serons satisfaits. Alors, la paix avec le peuple suit aussi !
Mais après la paix, il y a de la **chasse à faire, c'est écrit** ici. J'ai chassé notre lapin une fois. Je l'ai attrapé. Mais ce qui avait été fait avant était prêt pour le cinéma. Ce n'était pas si facile. Ça a demandé beaucoup d'efforts !
Si vous voulez trouver la paix, alors repentez-vous. Demandez à Jésus sa paix. Et ensuite, dites Jésus :

- Je ne veux pas être argumentatif.
- Je veux céder et ne pas toujours avoir le dernier mot.
- Je veux être aimable et courtois avec les autres, même s'ils me déçoivent.
- Je veux rester calme dans les discussions animées, même si c'est ma femme.

Seigneur Jésus, aidez-moi et ayez pitié de moi !"

C'était le premier point de la recette pour une vie épanouie. Craignez et aimez Dieu. Cela signifie qu'il faut reconnaître que Dieu est Dieu. Pour entrer dans une relation d'amour avec Jésus. Et faites les commandements de Dieu. Alors nous vivons avec Dieu comme dans une famille. Où les gens s'apprécient et se respectent mutuellement et aiment se faire du bien !
Voici maintenant le deuxième point de la recette des bons jours :

2. Chercher et appeler Dieu

Toute relation doit être maintenue si elle doit exister. Dieu investit beaucoup dans la relation avec nous. Et dans la Bible, on nous rappelle sans cesse que nous aussi, nous devons prendre soin de notre relation avec Dieu. Les versets suivants nous le montrent.

> Verset 16 : "Les yeux de l'Éternel sont sur le juste et sur son
> Ecoutez ses cris."

C'est notre Dieu. Dieu ne se soucie pas de ce que ressentent les gens qu'il a rachetés. Il voit les fléaux qu'ils affrontent ici. Et il les entend gémir à ce sujet. Mais il entend aussi leurs prières. Les croyants ont une telle valeur pour Dieu qu'il ne détourne pas ses yeux d'eux. Et il aime les écouter. Tout comme une mère qui perçoit immédiatement chaque son de son enfant malade. Ainsi, Dieu dirige aussi tous ses sens vers ses enfants !

Mais cette promesse n'est donnée qu'à ceux qui sont dans la relation avec Dieu !
Quant aux autres, le verset 17 nous le dit :

> "La face de l'Éternel est contre tous ceux qui font le mal, parce qu'il a fait leur
> Noms éradiqués de la terre."

Dieu ne permettra pas que les plans des hommes impies réussissent. Il se met en travers de leur chemin. Il ne la laissera pas y aller. Rien de pire ne peut arriver à une personne que le fait que Dieu soit contre elle !
Mais David préfère nous montrer quelle est la situation des gens croyants au verset 18 :

> "Quand les justes crient, l'Éternel entend et les délivre de tous
> de leur sort."

Peut-être que quelqu'un pense : c'est trop beau pour être vrai. Mais c'est vrai. Souvenez-vous du temps où Israël était en Égypte. Alors Dieu dit à Moïse :
"J'ai vu l'affliction de mon peuple en Égypte, et j'ai entendu ses cris sur son affliction ; j'ai connu ses souffrances. "Et je suis descendu pour la délivrer de la main de l'Égypte. (Exode 3:7+8)
Moi aussi, j'étais souvent dans le besoin et j'ai appelé Jésus à l'aide. Et je ne peux que témoigner : Le Seigneur m'a entendu !
On peut être très pris dans la toile d'araignée de l'inquiétude. Mais Dieu aime libérer ceux qui le craignent et font appel à lui !

Dieu a une passion pour les enfants *faibles de* Dieu. C'est ce que David nous dit au verset 19 :

> "L'Éternel est proche de ceux qui ont le coeur brisé, et il aide
> ceux qui ont l'esprit brisé."

Dieu aime ceux qui sont **brisés et qui** pleurent. Car ce sont précisément ceux-là qui cherchent Dieu, l'invoquent et attendent tout de lui. Les cœurs brisés, les consciences troublées, les yeux noyés sont des portes ouvertes vers Dieu. Ce sont les personnes qui vont en pastorale. Et dans la pastorale, ils peuvent trouver Jésus et son aide !

Le pasteur Wilhelm Busch a dit : " Je ne m'occupe que des gens qui ont le cœur brisé. Les autres ne peuvent pas m'entendre du tout."

Mais personne ne peut se donner un coeur brisé. Dieu fera cela en son temps ! Servez donc fidèlement notre Seigneur Jésus. Quand le moment sera venu, il vous brisera. Ce sera difficile au début. Mais le temps viendra où vous serez reconnaissant pour les heures difficiles. Au ciel, nous ne nous plaignons plus de nos blessures et de nos douleurs. Nous verrons alors tout dans un contexte merveilleux. Et nous remercierons aussi Dieu pour les heures difficiles de la vie !

David dit au verset 20 :

"Le juste doit beaucoup souffrir, mais le Seigneur l'aidera à sortir de tout cela."

Il y a le mot **"doit"** ici. Dieu doit nous causer beaucoup de peine, à nous les chrétiens, afin de nous préparer pour le ciel. Parfois, il ne peut pas nous épargner la pire des douleurs. Mais il veille à ce que la tentation ne domine pas notre force !

Mme Rose Fitzgerald Kennedy a eu 9 enfants. Le fils aîné a été tué en tant que pilote de reconnaissance. Leur fille Kathleen a été tuée dans un accident d'avion. Leur fils John Fitzgerald a été abattu en tant que président des États-Unis lors d'une tentative d'assassinat. La fille Rosemary était handicapée mentale. Maintenant, cette mère tristement célèbre écrit dans un livre :
"J'en suis venu à la conclusion que l'élément le plus important dans la vie humaine est la foi. Si Dieu m'enlevait toutes ses bénédictions, sa santé, sa force physique, sa richesse et son intelligence et me laissait un seul don, je demanderais la foi, car avec la foi en lui, en sa bonté, sa grâce et son amour et avec la foi en la vie éternelle, je pourrais bien surmonter la perte de ses autres dons et être encore heureux. La foi met tout dans une perspective spirituelle, de sorte que l'amour, la joie et le bonheur ainsi que la peine, les soucis et la perte deviennent des parties d'un grand tableau qui va bien au-delà de l'espace et du temps.
Tout ce qui arrive à un chrétien a un sens profond !
Nous ne devons pas non plus oublier qu'à travers la souffrance, nous sommes rendus égaux à notre Seigneur Jésus. Jésus était l'homme juste. Et il a dû beaucoup souffrir sur cette terre pour nous racheter. Et à la fin, Dieu le Père l'a aidé à se sortir de tout. Il est ressuscité et vit maintenant dans le ciel !
La souffrance d'un chrétien a donc aussi une signification profonde. Et enfin, chaque chrétien qui souffre ici se lèvera avec Jésus et sera avec Jésus au ciel pour toujours !

Le verset 21 est assez mystérieux :

"Il préserve tous ses os, afin qu'aucun d'entre eux ne soit brisé."

Ici, il est promis que Dieu veillera à ce qu'aucun os ne soit brisé pour les justes. Y a-t-il jamais eu un homme juste où cela a été vrai ?

- Oui, c'était Jésus.

Quand il était mort sur la croix, Jean dit 19:33 :
"Mais quand ils vinrent à Jésus et virent qu'il était déjà mort, ils ne lui brisèrent pas les jambes."
Aussi dans cette petite chose nous pouvons voir que Jésus était vraiment complètement juste. Aucun os n'a été autorisé à être cassé en lui, parce qu'il est dit ainsi ici dans le Psaume 34:21 !
Il n'y a personne parmi les hommes qui soit si juste qu'il puisse revendiquer cette promesse pour lui-même !
Et pourtant, il est vrai que Dieu veille à ce qu'aucun mal inutile n'arrive à un chrétien. Aucun os n'est cassé inutilement !

Et à la fin du psaume, nous recevons la promesse au verset 23 :

"L'Éternel rachètera la vie de ses serviteurs et de tous ceux qui viendront sur lui
...sera libre de toute culpabilité."

Cette promesse est au-dessus de la vie de chaque chrétien. Dieu **délivre du** péché et de la souffrance. C'est le centre de notre foi. C'est une question de rédemption. C'est le but de tout ce qui est écrit dans la Bible. C'est la vraie raison pour laquelle nous croyons en Jésus !
C'est pourquoi je veux que tu saches Il n'y aura jamais une personne qui regrettera d'avoir mis sa confiance en Jésus. Mais d'innombrables personnes se repentiront de n'avoir pas craint Dieu, de ne pas avoir aimé, de ne pas l'avoir cherché et de ne pas l'avoir invoqué. Dieu rachètera tous les croyants qui sont maintenant encore blasphémés. Qui maintenant trouvent la vie ennuyeuse. qui souffrent maintenant de leur propre péché. Vous serez tous rachetés. C'est écrit ici !

C'était la recette des bons jours.

Enfin, je vais vous transmettre une expérience de Johannes Busch :
"J'étais sur la tête de pont cubaine pendant des mois. C'était un mauvais moment. Inoubliable le jour où on m'a dit que je pouvais partir en vacances. Bien sûr, c'était un voyage ardu. 8 jours sur la piste, serrés les uns contre les autres sous une chaleur accablante. Nous avons souffert d'une terrible soif au cours de ce voyage. Les nuits étaient une torture. Mais si quelqu'un m'avait dit de descendre au nom de ce voyage difficile, j'aurais ri à gorge déployée. Je lui aurais volontiers expliqué : " J'aime voyager ainsi pendant encore 4 semaines,

parce que je rentre chez moi. L'idée de rentrer à la maison rendait toutes les épreuves, les difficultés et les tourments très petits. Si la nuit ne voulait pas passer, alors les pensées se précipitaient : Je rentre à la maison, je rentre à la maison !"

Un chrétien sait où se dirige son chemin de vie. Il va rentrer chez lui au paradis. Et la meilleure recette pour ce voyage est :

- Craignez et aimez Dieu.
- Chercher Dieu et l'appeler.

Psaume 36

SUR QUOI PUIS-JE COMPTER ?

1 pour rendre compte de David, serviteur de l'Éternel

2 Les transgresseurs pensent à des actions impie au fond de leur coeur. Il n'y a pas de crainte de Dieu en eux.

3 Et pourtant Dieu a ouvert le chemin devant eux pour trouver leur iniquité et pour la haïr.

4 Toutes leurs paroles sont fausses et mensongères ; elles ne sont plus raisonnables et bonnes.

5 Ils cherchent le mal dans leur camp, et ils tiennent ferme dans la voie du mal, et ils ne craignent pas le mal.

6 Éternel, ta bonté est jusqu'aux cieux, et ta fidélité jusqu'aux nuées.

7 Ta justice est comme les montagnes de Dieu, et ton jugement comme le grand abîme. Seigneur, tu aides les gens et les animaux.

8 Que ta bonté est précieuse, ô Dieu, pour que les enfants des hommes se réfugient à l'ombre de tes ailes !

9 Ils sont remplis des richesses de ta maison, et tu les bois avec joie comme un fleuve

10 Car avec toi est la source de la vie, et dans ta lumière nous voyons la lumière

11 Répands ta bonté sur ceux qui te connaissent, Et ta justice sur les pieux.

12 Que je ne tombe pas sous le pied des orgueilleux, et que la main des méchants ne me chasse pas.

13 Voici, les méchants sont tombés, ils sont tombés, et ils ne peuvent pas se relever.

Sur quoi puis-je compter ?

C'est une question de vie très importante. Parce qu'aucun homme ne veut se tenir à la fin de sa vie et dire : " Ce sur quoi j'ai bâti toute ma vie était une tromperie. Je parie sur le mauvais cheval." C'est pourquoi il est important que chacun trouve très tôt ce sur quoi il peut vraiment compter !
L'année 2015 nous a montré sur quoi nous ne pouvons pas compter.

- A la fédération de football FIFA
- A la Deutsche Bank
- A VW.

Pouvons-nous peut-être compter sur les grandes réalisations humaines ?
La publicité pour le Titanic disait : "Même Dieu lui-même ne peut pas couler ce fier navire." Mais ce navire, censé être le plus sûr du monde, a coulé lors de son premier voyage, en 1912.
Le chemin de fer suspendu de Wuppertal était considéré comme le moyen de transport le plus sûr de tous. Mais il a déraillé en 1999. Cinq personnes sont mortes.

Le Concorde était considéré comme l'avion le plus sûr. Mais il s'est écrasé en juillet 2000 et il y a eu 113 morts.
Le sous-marin nucléaire "Koursk" était considéré comme le plus moderne des sous-marins russes. Mais il a coulé en août 2000. 118 personnes sont mortes.

Les grandes réalisations humaines ne peuvent être invoquées que dans une mesure limitée.
Mais on peut sûrement compter sur les chrétiens. Car la recherche scientifique a montré que les chrétiens sont en effet les meilleurs citoyens :

- Ils se sont soustraits à l'impôt dans beaucoup moins de cas.
- Tu conduis moins en noir.
- sont plus sociables.

Mais il y a beaucoup de gens qui ont été déçus par les chrétiens. De toute façon, - il n'y a rien de mal dans le monde que les chrétiens n'aient déjà commis ! Bien sûr, tous les chrétiens ne sont pas des criminels. Mais pour quel chrétien mettriez-vous votre main au feu ?
Donc, si vous ne pouvez même pas compter sur les chrétiens à 100% - et alors ?

Il y a une chose sur laquelle vous pouvez compter à 100%. Le roi David nous a écrit le psaume d'aujourd'hui à ce sujet. C'est une chanson. Parce que dans le premier verset :

> "Pour chanter pour David, le serviteur de l'Éternel."

La sagesse peut être bien exprimée par la poésie. David avait un don très spécial pour ça. C'est très rentable quand on regarde les paroles de David en silence.
Cette chanson commence de façon très négative.

1. Rien n'est fiable

> Verset 2 : "Les transgresseurs pensent à des actions impies au fond de leur
> Le coeur. Il n'y a pas de crainte de Dieu avec eux."

David indique d'abord les personnes qui veulent consciemment vivre sans Dieu. Ils font éclore des plans de péchés dans leur cœur. Ils sont convaincus que ce qu'ils font est juste. Et pourquoi pensent-ils comme ça ?

- David dit : "Parce qu'ils ne craignent pas Dieu" !

Ils ne s'inclinent pas devant Dieu. Ne faites pas attention à ses commandements. Ils ne croient pas que Dieu les tiendra un jour responsables de leurs actions. Ils se disent : " S'il y a un Dieu, alors il ne sera pas aussi sévère. Et en plus, je ne suis pas aussi mauvais que lui et je ne suis pas lui. J'ai fait tellement de bien !"

Ils ne permettent pas de pensées spirituelles plus profondes avec eux-mêmes. Ils regardent le monde visible dans lequel ils vivent aujourd'hui et font attention à leur avantage.

Et ce qui est intéressant, c'est qu'ils ont aussi du succès sur leur chemin !

Verset 3 : "Et pourtant, Dieu a préparé le chemin devant eux pour leur iniquité
à trouver et à détester."

Dieu laisse les impies faire. Il l'abandonne à son péché. Et ils se sentent très à l'aise avec ce qu'ils font. Mais c'est déjà leur cour. Parce que la culpabilité s'accumule et s'accumule. Et ils deviennent de plus en plus engourdis par la parole et l'appel de Dieu. Ils se moquent de Dieu et des croyants. Pour eux, ce sont des personnes limitées et dangereuses.

Le prix Nobel américain James Watson a écrit un jour un article dans le Frankfurter Allgemeine Zeitung avec le titre : " Pourquoi nous ne pouvons plus laisser l'avenir de l'homme à Dieu. Il a écrit que les personnes handicapées héréditaires n'ont pas le droit d'être renvoyées. Et il a critiqué les personnes motivées par la religion parce qu'elles y résistent.

David juge de telles personnes dans les versets 4+5 comme ceci :

"Toutes leurs paroles sont fausses et trompeuses, et ils n' agissent plus avec sagesse ou intelligence. Ils cherchent à nuire à leur camp, à rester fermes dans la mauvaise voie et à ne pas épargner le mal."

Un homme impie ne mesure pas ses actions par la Parole de Dieu. Il se laisse inspirer par ses propres pensées. Même la nuit, dit David, quand le méchant homme est couché dans son lit, il pense à ses mauvaises voies et s'en réjouit. Pour l'amour de Dieu, son esprit est terne et mort. Il ne peut pas le comprendre,

- pourquoi, par exemple, il devrait être bon de se marier et de ne pas simplement emménager ensemble.
- Pourquoi ne pas avorter les enfants.
- Pourquoi on devrait préserver les différences entre l'homme et la femme.
- Pourquoi les partenariats homosexuels ne devraient pas exister.

- Pourquoi l'humilité est un cadeau désirable.
- Pourquoi lire la Bible et prier.

Pour des valeurs de ce genre, l'homme impie n'a aucun sens !

L'écrivain russe Fyodor Dostoïevski a dit à juste titre
"Un monde sans Dieu finit toujours dans le chaos."
Un monde avec des gens comme David décrit ici ne peut pas avoir un avenir durable. Parce qu'il est déterminé par l'égoïsme et l'inimitié. Une vie sans Dieu n'est bonne que pendant un certain temps. Mais cela se termine par l'absurdité et le vide.
Un exemple frappant de cela est tombé entre mes mains. La millionnaire Barbara Hutton. C'est une petite-fille du fondateur du magasin Woolworth. A l'âge de 7 ans, elle a hérité de 50 millions de dollars. Sur la base du pouvoir d'achat actuel, cette somme devrait être multipliée par 10. Dans les années qui ont suivi, des millions d'autres ont suivi. Elle avait sept maris. Cinq d'entre eux possédaient des titres de noblesse et deux d'entre eux étaient des acteurs (Cary Grant). Elle est morte à l'âge de 66 ans dans un terrible état. L'ambulancier a dit : "J'aurais pu la mettre sous un bras, elle était si petite et maigre." La pauvre femme riche était
affamé. Leurs repas se composaient uniquement de Coca-Cola.
C'est très utile quand vous regardez la fin des gens apparemment heureux !

Mais David ne pose pas ses yeux sur l'homme sans Dieu. Il tourne maintenant son regard vers ce sur quoi tout le monde peut vraiment compter.

2. S'appuyer sur Dieu

Verset 6 : "Seigneur, ta bonté atteint jusqu'au ciel, et ta vérité jusqu'aux nuages.

David s'appuie sur la **bonté** et la **vérité de** Dieu. Sa **bonté** est plus grande que le **ciel,** dit David. Tellement plus grand que tout ce que vous pouvez imaginer. Ainsi, Dieu ne peut jamais atteindre ses limites avec ses bonnes actions !

L'attaque terroriste à Paris a mis beaucoup de gens hors course. Peut-être que les attaques à Cologne vous inquiètent. Et vous avez peur de répandre la terreur à travers l'Europe. Mais tu crois que ça embarrasse Dieu ? Que Dieu dise : " Maintenant je ne sais plus ! Comment puis-je en faire quelque chose de bien ?" Non. La bonté de Dieu est si grande qu'elle éclipse tout problème. Et il peut transformer chaque problème en quelque chose de très bien !
Dieu est bon pour vous, que vous le réalisiez ou non. Même avec les jours difficiles de votre vie, Dieu a seulement de bonnes choses à l'esprit pour vous. C'est écrit :

"La bonté de Dieu est nouvelle chaque matin !" (Lamentations 3,23)
Cela signifie que Dieu veut vous faire du bien chaque jour à nouveau. Vous pouvez compter sur ça !

Et la **vérité de** Dieu est plus grande et plus profonde que nous le pensons. Sais-tu où **vont les nuages quand** tu les regardes dans le ciel ? Ils vont loin dans le pays et vous ne pouvez pas les suivre. Ainsi est la vérité de Dieu, dit David. La vérité de Dieu est si grande et si large que nous ne pouvons pas la suivre avec notre esprit. Mais ça s'avère être réel et vrai. Ses promesses dans la Bible ne peuvent jamais vous décevoir. Vous pouvez les regarder dans toutes les situations de votre vie !
Dieu vous fait beaucoup plus de bien que vous ne pouvez le comprendre. Comptez là-dessus !

David énumère une autre caractéristique de Dieu, qui est le verset 7 :

> "Ta justice est comme les montagnes de Dieu, et ton droit comme une grande profondeur."

Il est dit ici que la **justice de** Dieu, comme une **montagne,** tient bon. Tout ce que Dieu a déclaré être bon et juste finira par l'emporter. Tout ce que Dieu nous a donné en commandements est juste. Et si vous alignez votre vie sur les commandements de Dieu, alors votre vie a un avenir !

Nous lisons dans la Bible que Dieu a rendu Jésus juste pour nous. Celui qui l'accepte est juste devant Dieu. Vous pouvez compter sur ça !
Si tu étais injuste aux yeux de Dieu, alors va voir Jésus. Il comble votre insuffisance. Il vous donne une justice que vous ne pouvez pas vous donner à vous-même !
Dieu ne nous a pas créés pour nous corrompre, mais il veut que tous les gens soient sauvés. C'est pour ça qu'il nous aide !
Et pas seulement nous, les humains. David dit au verset 7 :

> "Seigneur, tu aides les hommes et les animaux."

Dieu pense aussi aux **animaux**. Dieu dit à Jonas :
"Et je ne devrais pas me plaindre de Ninive, une si grande ville avec plus de 120 000 personnes qui ne savent pas ce qui est à droite ou à gauche, et beaucoup d'animaux aussi ?" (Jonas 4:11)
Jésus dit que Dieu connaît chaque moineau :
"Vous n'achetez pas deux moineaux pour 10 cents ? Pourtant, aucun d'entre eux ne tombe sur terre sans ton père." (Matthieu 10:29)
C'est Dieu qui nourrit les milliards de petits et grands animaux. Chaque animal dans la forêt, dans l'étable, dans l'air, dans l'eau, dans la terre, chaque insecte,

chaque organisme unicellulaire. Ils doivent tous leur existence au Dieu gracieux et attentionné. Nous pouvons être sûrs que Dieu aime sa création et qu'il y pourvoira jusqu'à la fin ! David le sait. C'est pourquoi il admire Dieu et sait qu'il est en sécurité en lui, versets 8+9 :

> "Que ta bonté est délicieuse, Dieu, pour que les enfants des hommes aient un refuge à l'ombre de tes ailes ! Ils seront remplis des richesses de ta maison, et tu les arroseras de joie comme d'un fleuve.

Délicieux ce qui est écrit ici. Nous pouvons être sûrs que les réserves de Dieu ne peuvent jamais être vides. Ils sont toujours remplis de tout ce dont nous avons besoin. Et Dieu n'est pas avare. Il donne abondamment à tous ceux qui le lui demandent. Et il est heureux de donner !
David est heureux parce qu'il connaît Dieu. Il a appris à travers de nombreuses expériences que l'on peut compter sur Dieu. C'est pourquoi il compare Dieu à une mère poule. Les gens peuvent se glisser sous ses ailes comme des poussins et s'y sentir en sécurité, dit-il !
Mais malheureusement, la plupart des gens ne le font pas. Jésus a versé des larmes pour ça. Il a dit :
"Combien de fois ai-je voulu rassembler vos enfants, comme une poule rassemble ses poussins sous ses ailes, et vous n'avez pas voulu ! (Matthieu 23:37)
La bonté de Dieu est complètement gratuite. Mais qui s'en soucie ? Tout le monde veut bien vivre. Mais ils ne veulent pas de la source d'où viennent toutes les bonnes choses !

Un mari dit à sa femme, peu après le mariage : " Chérie, je vais travailler dur et dur et un jour nous serons très riches ! La femme le prend dans ses bras et dit très doucement : " Nous sommes déjà riches, mon amour. Nous avons les uns les autres et nous nous aimons, nous avons confiance et nous avons les uns les autres. Et peut-être qu'un jour nous aurons de l'argent !"
Tu as remarqué l'énorme différence ? L'homme croit que le bonheur se trouve dans beaucoup d'argent. C'est pourquoi il veut travailler dur pour être riche un jour. Mais la femme a déjà trouvé le bonheur. Elle a eu son mari. Tout le reste est secondaire pour elle !

Celui qui peut vivre une telle attitude dans la foi en Jésus est à envier. Il est vraiment vivant. Il a trouvé le plus grand bonheur que l'on puisse trouver sur terre !
David dit la même chose au verset 10 :

> "Car avec toi est la source de la vie, et dans ta lumière nous voyons la lumière."

Donc, toujours ici : De Dieu seul vient la **vie**. A la fois la vie biologique et la vie spirituelle, éternelle. Dieu en est la source !
Aucun être humain n'a été capable de créer la vie jusqu'à aujourd'hui. Aucun être humain ne peut ramener la matière morte à la vie. Pas étonnant. Parce qu'il est dit ici qu'il n'y a de vie qu'avec Dieu. Seul Dieu peut donner la vie à la matière morte !
La plus grande preuve que Jésus est vraiment le Fils de Dieu est qu'il a ressuscité les morts à la vie. Et qu'à la fin, il s'est lui-même relevé de la mort. Jésus a prouvé au monde entier que sa vie ne peut pas être tuée !

Alors, tu veux vivre ? Avoir une vie bien remplie ? Alors, allez voir Jésus ! Il vous montre ce qu'est la vraie vie. Vous pouvez compter sur lui. Et il vous aide à vous débarrasser de tout ce qui vous gâche la vie. Ce qui vous entraîne vers le bas et fait de votre vie une misère. En ce Dieu, vous trouverez la sécurité et la bénédiction !

C'est tout simplement faux lorsque le journal satirique français "Charlie Hebdo" présente le Dieu chrétien comme un terroriste qui s'enfuit couvert de sang avec une arme à feu rapide et qu'il l'appelle encore : "Un an plus tard, le meurtrier est toujours en fuite".
Notre Dieu n'est pas un meurtrier, mais celui qui apporte la vie !
C'est pourquoi David se tourne aussi vers la source de la vie quand il a besoin de quelque chose. Il le demande dans les versets 11+12 :

"Répands ta bonté sur ceux qui te connaissent et ta justice sur les pieux. Que je ne vienne pas sous le pied des orgueilleux, et que la main des méchants ne me chasse pas !"

David prie à la source de la vie parce qu'il sait qu'il sera entendu. La protection et la préservation dans chaque danger est seulement avec Dieu. Vous pouvez vous y fier complètement.
Qui sait, - peut-être que vous vous en sortez si bien en ce moment parce que les autres prient pour vous ? Vous pouvez compter sur la prière !

A la fin du psaume, David regarde en esprit à la fin et dit

Verset 13 :"Voici, ils sont tombés, les transgresseurs, tombés, et ne peuvent se relever.

C'est donc la fin de tous ceux qui n'ont pas compté sur Dieu. qui ont vécu avec succès pendant un certain temps. Mais ce sur quoi ils se sont appuyés et qu'ils ont soutenu s'avère être une fraude en fin de compte !
Le jour où Jésus viendra et jugera, ils réaliseront qu'ils ont toujours été pourvus par Dieu. Que tout leur bonheur et leur succès venait de Dieu. Ils comprendront

qu'ils ne pourraient rien faire sans Dieu. Mais il sera trop tard !
Aussi Satan, la mort et le péché, la source de tout le mal, perdra sa puissance pour toujours ce jour-là. Jésus les chassera de leur position supérieure. Le jour viendra où vous le verrez de vos propres yeux. Comptez là-dessus !

Le professeur de théologie Helmut Thielicke a dit à ses étudiants
"Dans toutes les décisions : Pensez toujours au Jugement dernier. Alors tu sais ce qui est important. Alors vous ne deviendrez pas dépendants des autres, dépendants des grandes tentations : L'argent, le pouvoir et le sexe. Faites seulement ce que vous pouvez faire en harmonie avec le Christ."

Alors, comptez sur le Dieu de la Bible, qui est venu à nous en Jésus-Christ. Comptez sur ce qu'il a offert et promis ! En direct de la source de la vie ! Vous pouvez compter sur elle à 100% !

Psaume 84

SERVICE RELIGIEUX COMME STATION D'ESSENCE

1 Psaume des fils de Koré, à chanter dans le Gittit.

2 Que tes demeures me sont chères, ô Éternel des armées !

3 Mon âme désire et désire les parvis de l`Éternel ; Mon corps et mon âme se réjouissent du Dieu vivant.

4 L`oiseau a trouvé une maison, Et l`hirondelle a trouvé un nid pour ses petits, Tes autels, Éternel des armées, mon roi et mon Dieu.

5 Bénis les habitants de ta maison, Ils te louent à jamais. SELA.

6 Heureux les hommes qui te prennent pour leur force, et qui te suivent de tout leur coeur !

7 Quand ils traversent la vallée sèche, elle devient une fontaine pour eux, et la pluie du matin en fait une bénédiction.

8 Ils vont d'une puissance à l'autre, et voient le vrai Dieu en Sion

9 Éternel, Dieu des armées, écoute ma prière, Dieu de Jacob ! SELA.

10 Dieu, notre bouclier, regarde, regarde la face de ton oint.

11 Car un jour dans tes parvis vaut mieux que mille. Je préfère garder la porte de la maison de mon Dieu que d'habiter dans le tabernacle des méchants.

12 Car l'Éternel Dieu est le soleil et le bouclier ; L'Éternel donne la grâce et la gloire. Il ne voudra rien d'autre que du bien aux pieux.

13 Éternel des armées, béni soit l'homme qui se confie en toi !

Service religieux comme station-service

Une femme presque sourde est venue à l'office. Elle s'est assise devant parce qu'elle voulait lire les mots de la bouche du prêtre. Lorsque le Notre Père était prié, la femme voulait dire que toute la congrégation se joignait à la prière. Mais ce n'était pas comme ça. Personne dans la communauté ne s'est exprimé. Seule la femme sourde a prié le Notre Père haut et fort. Et après le service, la femme sourde serra la main de ses deux voisins de banque et leur souhaita la bénédiction de Dieu. Pleine de joie, la femme sourde a quitté le service.
Elle est rentrée chez elle avec joie, bien qu'elle n'ait pas remarqué la plupart des services. Pourquoi pourrait-elle être gaie ? Parce qu'elle est venue au service avec une attitude positive. Sa surdité ne l'a pas arrêtée. Leurs yeux étaient sur Dieu et sa bénédiction !
Oui, quiconque va au service avec une attitude positive rentre chez lui béni !

Le Psaume nous permet aujourd'hui de regarder dans le cœur d'une personne qui est profondément inspirée par le service. Le psalmiste est pleinement ému par le temple de Dieu. Il a une grande joie en Dieu et dans le service du temple. Ce faisant, vous devez garder à l'esprit ce qui se passait dans le service à ce moment-là. Les services dans le temple concernaient principalement les sacrifices. Des animaux ont été sacrifiés pour exprimer la gratitude de Dieu. Ou pour exprimer sa dévotion à Dieu. De plus, les animaux sacrifiés devaient faire l'expiation des péchés.
Le temple avait également été le lieu de la prière et du chant.
Dans le temple, l'Israélite a pu faire l'expérience de la proximité de Dieu. Nulle part l'Israélite n'a été aussi proche de Dieu que dans le temple, la demeure de Dieu !

Depuis la mort et la résurrection de Jésus, le service d'adoration a complètement changé. La mort expiatoire de Jésus a rendu le temple et les sacrifices superflus. Or, Dieu n'exige pas de son peuple des sacrifices extérieurs, mais seulement des sacrifices spirituels : la prière, le témoignage de Jésus et les bonnes œuvres. Ce service n'a plus lieu dans une maison de Dieu seul, mais partout où vit un chrétien. Dans la vie de tous les jours, nous vivons le service de l'église !

Mais les apôtres ont planté des églises dans les maisons. Rencontres de fidèles. Depuis l'effusion du Saint-Esprit, nous lisons que les premiers chrétiens se sont rassemblés le premier jour de la semaine. Le jour où Jésus est ressuscité d'entre les morts.
Et qu'est-ce qu'ils ont fait ?

- Ils ont écouté la Parole de Dieu.
- Ils ont favorisé la fraternité entre eux.
- Ils ont célébré la Sainte Communion ensemble.
- Ils ont prié ensemble.
- Ils ont collecté des sacrifices d'argent.
- Les lettres des apôtres ont été lues.
- Et chacun a contribué quelque chose au service de culte.

Ce sont les éléments du culte dans le NT.
Le NT ne nous dit pas comment un service doit être effectué. Seuls ces éléments de base ne doivent pas être supprimés. La proclamation de la parole doit venir en premier !

Certaines personnes pensent qu'aller à l'église signifie : je sers Dieu. Mais c'est une fausse compréhension. Qu'est-ce que Dieu obtient de vous assis à l'église tous les dimanches ? Tu ne peux pas rendre service à Dieu avec ça !
L'adoration signifie plutôt : Dieu veut me servir. Jésus veut me faire du bien.

C'est vous que Dieu veut rendre riche dans le service. Vous devez être orienté vers le chemin spirituel. Le service veut être une station d'essence pour vous. C'est ici que Dieu veut déverser son divin carburant en vous !

L'auteur de notre psaume d'aujourd'hui en a fait l'expérience également.
Le titre du psaume est le verset 1 :

> "Un psaume des fils de Koré, à chanter aux Gittit."

Korah était un conspirateur contre Moïse. Dans Genèse 16 nous lisons comment lui et 3 autres, avec 250 hommes, se sont révoltés contre Moïse. Ils ne voulaient plus être dirigés par Moïse. Et Dieu les a tous jugés.
Mais des **fils de Coré,** nous lisons dans la Genèse 26:11 :
"Mais les fils de Korah ne sont pas tous morts."
Ils n'ont probablement pas pris part à la conspiration. Ou Dieu a été miséricordieux envers eux. En tout cas, les fils de Koré sont devenus de glorieux chanteurs dans le temple de Dieu. Le service de chant a été exécuté de génération en génération par les fils de Korach. C'était leur bureau dans le temple.
Au total, 11 psaumes portent le titre **"Fils de Coré"**. Il se peut que les fils de Korah aient écrit ces psaumes. Mais on pourrait aussi traduire les titres comme ceci : "Pour les fils de Coré". Il se peut donc qu'un auteur inconnu ait écrit ces psaumes et les ait donnés aux fils de Coré pour qu'ils les chantent dans le temple.

Personne ne sait ce que le mot **"Gittit"** signifie, donc il reste non traduit.

Dans cette chanson, les fils de Korah chantent à quel point le service auquel ils sont autorisés à participer est merveilleux. Ils chantent des choses glorieuses que nous pouvons appliquer à notre culte chrétien.
L'office religieux est une station-service spirituelle. Trois carburants différents peuvent être remplis ici.

1 Diesel : La joie dans la maison de Dieu

> Verset 2+3 : "Que tes demeures me sont chères, ô Éternel des armées ! Mon âme désire ardemment les parvis de l'Éternel, mon corps et mon âme se réjouissent du Dieu vivant.

Le psalmiste est fasciné par chaque pièce du temple. Il ne peut pas mettre en mots combien il apprécie la demeure de Dieu. Il est tout simplement époustouflé !
Sais-tu pourquoi il peut se réjouir autant dans la maison de Dieu ?

- Parce qu'il est totalement amoureux de Dieu.

Il aime Dieu par-dessus tout. C'est pour ça qu'il aime son temple !
Avez-vous aussi une joie aussi vive dans votre communauté ? Etes-vous aussi fasciné par chaque pièce de cette maison ? Ce sont de pauvres chrétiens qui n'aiment pas leur église. S'ils ne ressentent pas le besoin d'aller à des événements communautaires. N'insistez pas avec d'autres chrétiens pour entendre la Parole de Dieu et pour cultiver la fraternité.
Le psalmiste aime Dieu. C'est pour ça qu'il aime le service. C'est pourquoi il aspire à la maison de Dieu et à la proximité de Dieu !

Que regardez-vous dans votre église ? Par exemple, aux lacunes et aux imperfections ? Pensez-vous que vous seriez mieux dans une autre paroisse ?
Il y a un joli dicton à ce sujet :
"Si vous n'aviez pas autant de travail, si vous étiez retraité, si vous étiez mieux sur pied, si quelqu'un venait vous chercher, si l'église n'était pas si cool, si les chansons étaient plus modernes, si les paroles étaient plus compréhensibles, si le sermon n'était pas si long, si les pratiquants n'étaient pas hypocrites et plus convaincants dans la vie, alors - je trouverais certainement d'autres raisons pour lesquelles vous n'allez pas à l'église le dimanche.
Peut-être avez-vous d'autres raisons pour lesquelles vous ne pouvez pas profiter des services ici. Mais le problème principal est votre attitude ! Les chrétiens qui changent d'église à cause de leur mauvaise attitude sont bientôt de nouveau insatisfaits de leur nouvelle église. Cela peut être observé en permanence. Si vous êtes un chrétien, recherchez plutôt une attitude telle que celle décrite ici dans le Psaume.

> Verset 4 : "L'oiseau a trouvé une maison, et l'hirondelle a trouvé un nid pour ses petits - vos autels, ô Éternel des armées, mon roi et mon Dieu.

Il y a deux façons d'interpréter ce verset. Soit le psalmiste envie les oiseaux qui construisent leurs nids dans les murs du temple. Car ils peuvent toujours vivre dans la maison de Dieu. Ou il veut dire lui-même avec l'oiseau. Il se sent comme un tout petit oiseau. Mais dans la maison de Dieu, il a trouvé son foyer.
Notre église veut être un foyer pour toi aussi. Tu te contenteras d'une bonne nourriture pour ton âme. Vous devriez grandir ensemble avec de bons modèles dans la lutte de la foi. Et Jésus veut vous donner sa bonté et sa bénédiction pour cela !
La communauté veut être votre nid où vous construisez. Un endroit où vous aimeriez rester, comme un oiseau dans son nid !

> Verset 5 : "Heureux ceux qui habitent dans ta maison, ils te louent pour toujours. SELA."

Le psalmiste ici enviait les prêtres, les Lévites et les oiseaux. Car il leur est permis de travailler dans le voisinage immédiat de Dieu. Ils sont même autorisés à y vivre et à y dormir !
Vous avez besoin de la communauté comme foyer. C'est la station d'essence qui renforce votre foi. Ici, vous obtenez du réconfort, des corrections et des encouragements. Sans appartenance à l'église, votre foi est perdue !
Voici un exemple :
Vers l'an 300 après J.C., sous l'empereur Dioclétien, la plus grande persécution des chrétiens dans l'Empire romain a éclaté. L'empereur a dit que dans son empire, quiconque veut être chrétien en privé peut l'être. Mais il a interdit les assemblées chrétiennes sous peine de mort. Et comment les chrétiens se sont-ils comportés ? Les chrétiens ont alors compris qu'ils ne pouvaient pas être chrétiens en privé. Car alors l'église ne serait plus le corps de Christ. Les chrétiens ont donc décidé qu'ils continueraient à se réunir pour prier, chanter, écouter des sermons et faire des sacrifices. Au cours de la persécution, certains ont cru qu'on pouvait être chrétien en privé. Mais ils n'ont pas pu. Ils sont tombés !
Vous ne devez pas vous séparer de l'église juste parce que ceci et cela ne vous convient pas. Tant que votre église se tient sur le sol des Saintes Écritures et que Jésus en est le chef, réjouissez-vous dans votre église ! Sinon, vous allez causer des problèmes pour vous et pour les autres. Et Jésus ne peut pas vous remplir de son carburant !
Le Diesel - carburant dans le service signifie : joie dans la maison de Dieu.
Un deuxième carburant est disponible dans le service :

2. L'essence : la puissance au quotidien

> Versets 6-8 : " Heureux ceux qui pensent à toi pour leur force, et qui marchent après toi de tout leur cœur. Quand ils passent par la vallée aride, elle devient un terrain de printemps pour eux, et la pluie précoce la couvre de bénédiction. Ils vont d'une puissance à l'autre et voient le vrai Dieu en Sion."

Cela me rappelle la chanson de Manfred Siebald :
"J'aime être dans ta maison, Père, où tu remplis mes pensées ;
Je peux vous entendre, mon Père, voir ce que vous voulez.
Je veux rester dans votre maison, Père, vous ne m'expulsez pas,
et rien ne m'expulsera, Père, de ta maison."
Dans le service, Jésus veut remplir nos esprits afin que nous puissions faire nos preuves dans notre vie quotidienne. Le monde dans lequel nous vivons est un désert. Il n'est pas facile de vivre en tant que chrétien à cette époque. C'est pourquoi Jésus veut vous remplir de son essence dans le service afin que vous puissiez voir le bien. Merci. Vous pouvez rester calme. Etre fidèle à Jésus même quand vous devez passer par des moments difficiles. tenez bon, même si les

impies vous confondent avec leur mode de vie.
Oui, un chrétien qui recharge ses batteries dans le service ne se fatigue pas si vite dans sa vie quotidienne !
Dans le service, il vous sera rappelé

- que Jésus vous accompagne dans votre vie quotidienne.
- Qu'il n'y a pas de coïncidences dans votre vie chrétienne.
- Que Dieu entende vos prières, même si vous ne le réalisez pas.

Le service vous aide à mieux gérer votre vie. Mais il n'enlève pas vos problèmes. Quiconque s'attend à cela a de fausses attentes. C'est ce qui se passe dans le service, c'est comme il est dit ici dans le Psaume, au verset 7 :
"Si vous devez endurer des épreuves, Dieu vous donnera la force. Dieu sera comme une pluie rafraîchissante sur votre visage !"
Dieu vous donne toutes les conditions dont vous avez besoin. Mais vous devez faire face à vos problèmes vous-même !
Même après le service, notre vie quotidienne continue comme avant. Et pourtant, le service change quelque chose de décisif. Nous devons nous appuyer sur Jésus et non sur les gens. Regarder Jésus et non les problèmes !
C'est un don glorieux de Dieu pour nous !
Le psalmiste l'exige aussi. Il se tourne vers Dieu dans la prière et dit les versets 9+10 :

> "Éternel, Dieu des armées, écoute ma prière, écoute-la, Dieu de Jacob.
> SELA" Dieu notre bouclier, voici, voici la face de ton
> Le sacré !"

C'est là que le service veut nous emmener :

- Pour vous donner le courage de prier à nouveau.
- Continuez à prier et n'abandonnez pas.

C'est le carburant avec lequel Jésus veut remplir son peuple dans le service :
Avec le diesel : la joie dans la maison de Dieu.
Avec l'essence : de l'énergie pour la vie de tous les jours.
Et un troisième carburant est trouvé dans le service :

3. Super plus : la joie en Dieu

C'est le carburant qui a la plus grande dynamique. C'est lui qui fait bouger les choses. Et le Psalmiste peut être rempli de ce carburant !

> Verset 11 : "Car un jour dans tes parvis vaut mieux que mille. Je préfère garder la porte de la maison de mon Dieu plutôt que d'habiter dans la tanière de l'iniquité."

Ce qui est dit ici, ça veut dire beaucoup. Car cela signifie que les plus beaux cadeaux et plaisirs de ce monde ne sont rien en comparaison de ce que Dieu offre dans son **parvis** !
Attention, dans l'avant-cour. Alors qu'est-ce que le sanctuaire lui-même a à offrir ?
Le psalmiste dit que ce que vous vivez dans la cour de Dieu en un jour, vous ne le vivez pas dans ce monde même en 1000 jours. Quelle gloire ce sera au ciel. Dans le service, vous pouvez déjà expérimenter un peu comme il sera beau au paradis !
C'est donc une question pour chaque chrétien :

- Est-ce que le service dans votre église est plus important pour vous qu'une émission de football ?
- Plus important qu'un concert ?
- Plus important que tout ce qui est privé ?

Je sais que parfois il y a de bonnes raisons pour que ça ne marche pas. Mais ça te fait mal de manquer un jour ?
Peut-être que vous pensez que ce que je dis est excessif.
Certains d'entre vous ont probablement vu le film "L'heure du vainqueur". Le film raconte ce qui s'est passé aux Jeux Olympiques de 1924 à Paris. A cette époque, l'écossais Eric Lydell a établi le record du monde du 400 mètres. 47,6 secondes. Et puis il aurait pu participer à la course de 100 mètres. Il y avait de fortes chances qu'il établisse le record du monde là aussi. Mais il ne s'est pas présenté à la course. Parce que la course a eu lieu le dimanche. Et il préférait aller à son église et prêcher sur le Psaume 119:18 : "Ouvre mes yeux pour que je voie les merveilles de ta loi. Un an plus tard, il est parti en Chine comme missionnaire.
Il était comme notre psalmiste. Chez im, le service de culte avait vraiment la priorité sur tout le reste. La communion avec Dieu et les chrétiens était plus importante pour lui que l'or et la gloire !
Oui, un jour près de Dieu a plus de qualité que le plus beau jour que vous expérimentez sans Dieu. Celui qui peut croire cela a saisi le plus grand mystère de la vie. Une personne comme ça vit bien. Il faut le féliciter. Pourquoi ?

> Versets 12+13 : "Car l'Éternel Dieu est soleil et bouclier, L'Éternel donne la grâce et la gloire. Il ne voudra rien d'autre que du bien aux pieux. O Éternel des armées, béni soit l'homme qui compte sur toi !"

On ne peut dire que de bonnes choses sur Dieu. Cela devient à nouveau clair dans le service.
Dieu est celui qui vous donne la lumière dans ce monde de ténèbres. Il donne un sens et de la joie dans la vie. Dieu protège du danger. Il s'assure que tout ce qui vous arrive aura une fin heureuse. Dieu est miséricordieux envers vous. Il pardonne vos péchés. Il vous donne tout ce dont vous avez besoin en abondance

!
Celui qui a confiance en Dieu ne sera pas abandonné par Dieu. Parce que Dieu n'est pas avare. Il ne garde rien pour lui. Il nous donne une part de tous ses biens. Ses trésors célestes nous appartiennent aussi. Nous allons vivre là où il vit. Nous jugerons même ensemble avec Jésus. Et nous allons même partager l'essence de Dieu. Que peut nous donner Dieu de plus ?

Tu devrais être fier de notre Dieu. Et de la même façon, vous pouvez être fier de l'église de Dieu. Jésus vous a envoyé dans les cellules d'amour. Et tu peux être un Liebenzeller avec fierté. Avec notre église, nous pouvons être vus. Ne vous laissez donc pas entraîner par le diable à faire des choses négatives, mais invitez vos semblables. Ils devraient aussi partager la joie que vous avez en Dieu et le service !

Le service est une station d'essence.
Ici, nous avons du diesel : la joie dans la maison de Dieu.
Ici, vous pouvez aussi vous procurer de l'essence : de l'énergie pour la vie quotidienne.
Et ici nous avons aussi Super Plus : la joie en Dieu.

Je souhaite à chacun de nous qu'il puisse être aussi enthousiaste pour les services avec nous que le chanteur du Psaume 84.

Psaume 139, 1-24

DIEU EST PRÉSENT

1 Un psaume de David à chanter.

Seigneur, tu me cherches et tu me connais.

2 Je m'assieds ou je me lève, tu le sais, Tu comprends de loin mes pensées.

3 Je vais ou je mens, tu es autour de moi, et tu vois toutes mes voies.

4 Car voici, il n'y a pas un mot dans ma langue que tu ne connaisses pas déjà, Seigneur.

5 De tous côtés, tu m'entoures et tu gardes ta main sur moi.

6 Cette connaissance est trop merveilleuse et trop élevée pour moi, je ne peux pas la comprendre.

7 Où irais-je devant ton esprit, et où fuirais-je loin de ta face ?

8 Si je monte au ciel, tu y es ; si je fais ma couche avec les morts, voici, tu y es aussi.

9 Si je prends les ailes de l'aurore, je serai dans la mer la plus éloignée,

10 Là aussi, ta main me conduira, et ta droite me saisira.

11 Si je dis : Que les ténèbres me couvrent, et que la nuit soit autour de moi au lieu de la lumière -,

12 Alors les ténèbres ne seraient pas ténébreuses avec toi, et la nuit brillerait comme le jour. L'obscurité est comme la lumière.

13 Car tu as préparé mes reins, et tu m'as formé dans le sein maternel.

14 Je te remercie de m'avoir rendu merveilleux ; tes oeuvres sont merveilleuses, mon âme le sait.

15 Mes os ne t'ont pas été cachés, quand j'ai été fait en secret, quand j'ai été fait dans les profondeurs de la terre.

16 Tes yeux m'ont vu quand je n'étais pas encore prêt, et tous les jours ont été écrits dans ton livre, qui étaient encore à venir, et dont il n'y avait pas.

17 Mais comme tes pensées pour moi sont dures, ô Dieu ! Comment leur somme est-elle si grande !

18 Si je les comptais, ils seraient plus que le sable ; à la fin, je suis encore avec vous.

19 O Dieu, tu tueras les méchants. Que les assoiffés de sang me quittent !

20 Car ils parlent de toi de façon blasphématoire, et tes ennemis se lèvent avec un courage insolent.

21 Ne devrais-je pas haïr, ô Éternel, ceux qui te haïssent et abhorrer ceux qui s'élèvent contre toi ?

22 Je les hais de toutes parts : ils sont devenus mes ennemis.

23 Sonde-moi, ô Dieu, et connais mon coeur ; éprouve-moi et connais mon esprit.

24 Et voyez si je suis dans une voie mauvaise, et guidez-moi dans une voie éternelle.

Dieu est présent

Le marquis de Lafayette, le grand combattant de la liberté, est resté un moment en prison, dans une petite pièce sombre. Il y avait un petit trou dans la porte de sa cellule. Devant la porte se tenait un soldat qui l'avait surveillé jour et nuit. Tout ce que Lafayette pouvait voir, c'était l'oeil du soldat. Cet oeil a toujours été là. C'était horrible pour lui.
David, le grand roi d'Israël, nous fait remarquer aujourd'hui que nous sommes également sous observation constante. A savoir par Dieu. David laisse ses pensées vagabonder et se rend compte qu'il n'y a pas d'échappatoire pour nous devant Dieu. Mais David ne pense pas du tout que c'est terrible, il pense que c'est merveilleux. Il en est si heureux qu'il a écrit une chanson à ce sujet. Il est dit au verset 1 :

> "Un Psaume de David, pour chanter."

David a dû écrire le beau chant pour que les Lévites le chantent dans le temple. David a écrit de nombreuses chansons à cet effet sous l'inspiration du Saint-Esprit. Maintenant, regardons de plus près la chanson de David d'aujourd'hui. Pourquoi David se réjouit-il autant de la présence constante de Dieu ?

1. Dieu est mon protecteur

> Verset 1 : "Seigneur, tu m'interroges et tu me connais."

David adore Dieu et admire son omniscience. Il ne peut s'empêcher d'être étonné de la façon dont Dieu sait tout sur lui. Il est fasciné par le fait que pour Dieu tout est transparent comme du verre.
Ceci est également mentionné dans le NT. Hébreux 4:13 :
"Aucune créature ne lui est cachée, mais toutes choses sont nues et découvertes devant Dieu, à qui nous devons rendre compte."
Jésus dit que Dieu sait tellement de choses sur nous qu'il sait même combien de cheveux chacun a sur sa tête Matthieu 10:30 :
"Et maintenant tes cheveux sur ta tête sont comptés."

Personne ne peut savoir combien de cheveux il a sur la tête en ce moment. En moyenne, une personne a 100 000 cheveux. Mais pour chaque individu, le nombre varie énormément. Ce n'est pas un problème pour Dieu de nommer immédiatement le nombre de cheveux que chacun de nous a !
Donc, si c'est vrai, alors il est également vrai que Dieu sait exactement ce qui bouge chacun de nous et il sait ce dont chacun de nous a besoin. Nous avons un Dieu qui peut nous aider dans toutes les situations et qui est heureux de nous aider. Il n'y a pas de besoin avec vous que Dieu ne puisse satisfaire de la bonne manière. C'est pourquoi David est si fasciné par le fait que Dieu le surveille constamment. Et il écrit avec admiration dans les versets 2-6 :

> "Je m'assieds ou me lève, tu le sais, tu comprends mes pensées de loin. Je marche ou je mens, tu es autour de moi et tu vois tous mes chemins. Car voici, il n'y a pas un mot dans ma langue que tu ne connaisses déjà, Seigneur. Tu m'entoures de tous côtés et tu me tiens la main. Cette réalisation est trop merveilleuse et trop élevée pour moi , je ne peux pas la comprendre."

Pour ceux qui ne veulent pas connaître Dieu, ces versets sont terribles. Mais quiconque, comme David, a compris que Dieu ne veut que le meilleur pour nous, ne peut que s'en réjouir !
Dieu sait tout sur le déroulement de votre vie quotidienne. Il sait tout ce que vous planifiez ou faites de façon imprévue. Il t'a vu sortir du lit aujourd'hui. Ce que tu as dit à la table du petit-déjeuner. L'attitude avec laquelle vous êtes venu à l'office. Ce que vous pensez du sermon en ce moment. Un enfant de Dieu s'en réjouit :
"Mon Père céleste me voit, me connaît et veut bien faire. Tout comme l'air est constamment autour de moi, mon Dieu est constamment autour de moi ! Même quand je dors, mon père ne dort pas. Même si je fais des erreurs, il m'aime quand même !"
Dieu nous entoure, toi et moi, de devant et de derrière, de gauche et de droite, d'en haut et d'en bas. Dieu ne peut pas être éteint comme la lumière avec un interrupteur. Mais beaucoup le font de cette façon. Quand un besoin se fait sentir, ils veulent appeler Dieu rapidement à l'aide. Et dès que tout va bien à nouveau, alors vous arrêtez de demander à propos de Dieu et vous l'éteignez.
Non, tu ne peux pas te débarrasser de Dieu. C'est seulement en enfer que tu te débarrasseras de Dieu. Là, Dieu ne se souciera plus de personne. Et ce sera terrible !
Mais autrement, Dieu a une main sur tout le reste. Et c'est merveilleux à savoir :

- Dieu est responsable de moi.
- Il dirige et contrôle ma vie.
- Il fait quelque chose de bien de ma vie.

- Je n'ai qu'à me confier à lui.

Mais malheureusement, la plupart des gens ne veulent pas le savoir. Ils veulent prendre la responsabilité de leur propre vie sans Jésus. Ils veulent fuir Dieu et vivre comme s'il n'existait pas.
David en parle aussi dans ce psaume dans un jeu de réflexion, aux versets 7-12 :

> "Où irais-je devant ton esprit, et où fuirais-je de ta face ? Si je monte au ciel, vous y êtes ; si je fais ma couche avec les morts, voici, vous y êtes aussi. Si je prends les ailes de l'aube et que je reste à la mer la plus éloignée, là aussi ta main me guidera et ta main droite me tiendra. Je dis, que l'obscurité me couvre et que la nuit soit autour de moi au lieu de la lumière.
> alors l'obscurité ne serait pas sombre avec toi, et la nuit brillerait comme le jour. L'obscurité est comme la lumière."

David réfléchit à tous les moyens possibles et impossibles de s'échapper. Mais il ne trouve nulle part où fuir Dieu.
Il veut s'enfuir sur les **"ailes de l'aube".** C'est une expression poétique pour la vitesse rapide. Aussi vite que l'aube se répand dans le ciel, aussi vite qu'il veut s'envoler vers la **" mer la plus éloignée ".** Donc, jusqu'au plus loin qu'il puisse imaginer ! Aujourd'hui, David écrirait certainement :
"Si je pouvais courir à travers l'espace dans une fusée à la vitesse de la lumière et atterrir sur la planète la plus éloignée, alors Dieu serait là aussi."
Oui, même la lumière est trop lente pour Dieu. Car la lumière n'a pas encore réussi à remplir tout l'univers. Mais Dieu le remplit ! Pas étonnant. Car nous lisons au sujet de Jésus-Christ dans Colossiens 1:16
"En lui a été créé tout ce qui est dans le ciel et sur la terre, visible et invisible."
Donc l'univers entier est en Jésus ! Ne me demandez pas comment y penser. Je ne sais pas. Nous ne sommes pas censés le comprendre non plus, mais nous émerveiller de Dieu avec David. Et surtout s'émerveiller de réaliser que partout où je suis, Dieu est présent. Partout où je cours, je cours dans les bras de Dieu !

Ce fut la première chose qui fit que David jouissait de la présence constante de Dieu : Parce que Dieu est son protecteur !
Mais il se réjouit de la présence de Dieu pour une deuxième raison :

2. Dieu est mon créateur

> Verset 13 : "Car tu as préparé mes reins et tu m'as formé dans l'utérus."

Pour David, il ne fait aucun doute qu'il a été créé par Dieu. Dieu n'a pas seulement construit son corps, mais aussi ses **reins,** dit-il. Dans la poésie hébraïque, les reins sont une expression picturale des sensations. Les reins sont les sentiments, les désirs secrets, les désirs.
Dieu connaît mieux chacun de nous parce qu'il nous a fait siens. Aucun d'entre nous n'est un produit aléatoire de gènes. Non, Dieu a arrangé chaque petite chose avec beaucoup de soin et de considération. C'est pourquoi il sait beaucoup mieux que nous ce qui se passe en nous et ce dont nous avons besoin. Vous ne pouvez donc être satisfait que de la façon dont Dieu vous a créé. Mais si vous avez honte parce que vous n'êtes apparemment pas assez belle, alors soyez consciente que vous critiquez votre Créateur ! Ce qui est beau et ce qui ne l'est pas, les phénomènes de mode en constante évolution ne peuvent nous le dicter !
Regardez : David ne se harcèle pas lui-même, mais il dit merci à Dieu au verset 14 :

> "Je te remercie de ce que je suis merveilleusement fait, tes oeuvres sont merveilleuses, mon âme le sait."

Dieu a pensé à quelque chose de bon avec tout ce qu'il vous a donné. Même avec votre taille particulière, votre handicap, votre disposition dépressive. Seul Dieu, qui vous a fait, peut vous donner un sens de la raison pour laquelle vous êtes comme ça et pas autrement. Il veut t'aider à être ce qu'il pensait que tu étais depuis le début !
Mettez donc votre vie entièrement à la disposition de Jésus ! Ne vous laissez pas influencer par les courants de ce temps, mais par la Parole vivante de la Bible ! C'est seulement avec Jésus que tu peux être ce que tu es vraiment. Sinon, vous êtes esclave de vos instincts et de vos semblables !

Souvenez-vous, vous êtes merveilleusement fait par votre Dieu. Vous avez beaucoup de raisons de remercier Dieu. Il suffit de regarder votre corps et vous ne pouvez pas vous empêcher d'être étonné de voir comment tout fonctionne parfaitement dans votre corps. Par exemple, si vos doigts étaient en fer, vous ne pourriez rien sentir. Et ils s'usaient au fil des ans. Mais vos doigts sont recouverts d'une peau très élastique et durable qui se renouvelle constamment et les blessures disparaissent !
Grâce aux nerfs fins de la peau, vous pouvez percevoir des stimuli fins. La sueur qui provient des glandes de la peau protège votre corps de la surchauffe. Les glandes graisseuses et sébacées protègent votre peau afin qu'elle ne se dessèche pas. Les fins vaisseaux sanguins de la peau alimentent les cellules de la peau en oxygène et en toutes sortes de nutriments. Les pigments de votre peau vous protègent contre les dangereux rayons UV. Lorsque la peau est exposée aux rayons UV, elle bronze étonnamment vite. La peau protège votre corps contre les intrus méchants. De toutes sortes d'agents pathogènes !

C'était juste la peau. On pourrait continuer pendant des heures avec d'autres parties du corps. On ne remarquerait que miracle après miracle !
Nous n'avons même pas besoin de voyager dans des pays lointains pour voir les miracles de Dieu. Nous trouvons les merveilles de Dieu dans une abondance infinie dans notre corps. Tout ce que Dieu a fait est beau, parfait et admirable !
Pourtant, nous sommes encore loin de comprendre tout ce qui concerne notre corps. Il y a encore beaucoup de secrets en nous qui doivent être levés. Je ne pense pas que nous allons tout découvrir.
Et les parties invisibles de notre corps, comme les sentiments, la pensée et la foi, resteront à jamais de grands mystères. Notre vie intérieure reste impénétrable. Les psychologues ont fait beaucoup de bonnes découvertes ici. Mais ils ne font qu'égratigner la surface. Car nous lisons dans Jérémie 17:9+10 :
"C'est le coeur, une chose provocante et découragée ; qui peut le sonder ? Moi, le Seigneur, je peux fouiller le coeur et examiner les reins."

Personne ne nous connaît aussi bien que Dieu connaît le verset 15 :

> "Mes os ne t'ont pas été cachés quand j'étais en secret
> "a été faite quand j'ai été éduqué dans la terre.

Alors Dieu nous a fait, toi et moi, de la peau et des os. Dans le **sol**. C'est incroyable. Pourquoi pas dans l'utérus ?
David pense certainement ici au commencement de la création, quand Dieu a formé le premier homme, Adam, à partir des matériaux de la terre. Même là, Dieu nous a mis toi et moi dans Adam. Dieu a tout mis dans Adam, pour que des milliers d'années plus tard, vous et moi soyons comme nous sommes maintenant. Avec chaque détail !

Il en est ainsi, comme l'explique le verset 16 suivant :

> "Tes yeux m'ont vu quand je n'étais pas encore prêt, et tous les jours étaient écrits dans ton livre, qui étaient encore à venir, et aucun d'eux n'était là.

Là, nous arrivons tous à la limite avec nos idées. Dieu est très différent de ce que nous pensons. Dieu peut ignorer toutes les barrières temporelles. Avant même que l'un de nous ne naisse, Dieu connaissait déjà toute l'histoire de notre vie. Avant même que Dieu ne crée le monde, il m'a vu jouer quand j'étais enfant. Il connaissait mes rêves d'adolescent. Il savait alors qui j'allais épouser. Et il savait aussi comment je me présenterais dans mon futur lieu de résidence !
Soyez sûr : Dieu connaît vos larmes et les ruines de votre vie. Vous avez été très déçu. Vous êtes confronté à de nombreux mystères. Mais tous les mystères de ta vie trouvent une réponse dans le bon plan que Dieu a décidé pour ta vie. Tous

les mystères viennent du Dieu qui est amour. Et il n'a que de bonnes intentions pour tout !

Ecoute, David n'a pas compris beaucoup de choses non plus. Il dit dans les versets 17+18

"Mais comme tes pensées sont dures pour moi, mon Dieu ! Comment va votre

La somme est si importante ! Si je voulais les compter, ce serait plus que le sable : à la fin, je suis toujours avec toi."

Dieu ne poursuit que de bons buts avec chacun de nous. Mais il nous sera toujours difficile de comprendre les circuits individuels. Chaque fois que j'ai un accident, qu'est-ce que c'est ?

- Est-ce que c'est auto-infligé ?
- C'est la façon dont Dieu m'apprend quelque chose ?
- Est-ce un test de foi comme Abraham, ou Job ?

Ce n'est pas à nous de le savoir. Dieu est toujours beaucoup plus avancé dans ses pensées que nous. Nous ne sommes pas appelés à comprendre Dieu, mais à croire en Dieu. Croyez que ses manières sont parfaitement bonnes avec nous !
C'est ce à quoi David s'accroche. Il aime Dieu et lui reste fidèle. Même s'il ne le comprend pas toujours !

C'est la deuxième raison pour laquelle David se réjouit de la présence de Dieu. Parce que Dieu est son constructeur. Et sait donc exactement ce dont il a besoin !

Maintenant, David nous donne une troisième raison pour laquelle il jouit de la présence constante de Dieu :

3. Dieu est mon juge

David a construit 4 versets dans son merveilleux chant, qui sont très difficiles à descendre aujourd'hui, les versets 19-22 :

> "Oh Dieu, tu vas tuer le méchant ! Que les assoiffés de sang me quittent ! Car ils parlent de toi de façon blasphématoire, et tes ennemis se lèvent avec un courage insolent. Ne devrais-je pas haïr, ô Éternel, ceux qui te haïssent, et détester ceux qui s'élèvent contre toi ? Je les hais sérieusement, ils sont devenus mes ennemis."

David avait donc des **ennemis** qui lui rendaient la vie amèrement difficile.

David dit que ce sont des gens impies qui le harcèlent. C'est pour ça qu'il les **déteste** !
Son attitude est-elle chrétienne ?

- Certainement pas !

David a vécu à l'époque de l'AT. C'est pourquoi il lui manquait encore l'amour de Dieu, que seul l'Esprit Saint peut donner. Ce n'est que par Jésus-Christ qu'une personne peut être rachetée de toute haine et être remplie de l'amour de Dieu. Une telle personne ne peut que recevoir l'ordre :
"Aimez vos ennemis." (Matthieu 5:44)
Personne ne peut le faire tout seul.
Mais David vivait alors encore au temps de la loi, qui dit
"Oeil pour oeil, dent pour dent." (Exode 21:24)
Ce que les méchants font à David, David le fera aux méchants. C'était la loi de Dieu à l'époque !
Le jour viendra où Dieu jugera tous les gens qui n'ont pas accepté la grâce de Jésus selon cette loi. Alors ce sera fini avec toute la grâce. Et chacun sera récompensé selon ses actes !

David ne veut pas venir à ce tribunal. C'est pourquoi il demande au Dieu omniscient et miséricordieux de le juger de son vivant. Il le dit dans les versets 23 et 24 :

> "Sonde-moi, Dieu, et connais mon coeur ; examine-moi et
> Je sais ce que je veux dire. Et voir si je suis sur un mauvais chemin, et me guider sur le chemin éternel."

Parce que Dieu sait tout et qu'il ne peut pas tromper Dieu, c'est pourquoi il veut être testé par Dieu. David ne veut pas vivre dans l'illusion. Il ne se trompe pas, ni lui ni personne d'autre. David veut que Dieu le mette sur le chemin que Dieu lui a tracé. Il est prêt à entendre la vérité, même si elle fait mal !
C'est exactement ce que Dieu attend. Il veut que toi et moi soyons honnêtes. Ne pensez pas que nous sommes plus pieux que nous le sommes. Et n'imaginez pas que nous sommes des gens si bons que Dieu doit être satisfait de nous de toute façon.
Non ! Dieu veut nous montrer, à toi et à moi, ce qui est vraiment dans nos cœurs. L'hypocrisie. Tout égoïsme. Les mauvais motifs avec lesquels nous faisons nos bonnes actions. Il faut une certaine dose de courage pour se laisser montrer. Mais c'est très, très guérissant !
La vérité est peut-être la première chose qui nous pèse. Mais Dieu ne nous surcharge pas. Il ne nous montre pas tout en même temps. Personne ne le supporterait. Dieu sait combien il peut montrer à tout le monde qu'il peut le supporter.
Et il vous montre son fils, Jésus-Christ. Il a payé toutes tes dettes. Tu peux lui

donner toutes les ordures de ta vie. Car il vous rend libre de tout ce qui vous sépare de Dieu. De tout ce qui détruit votre vie. Et puis il vous donne une nouvelle vie. Une vie qui vaut la peine d'être vécue. Il vous délivre du jugement de Dieu et vous place dans son royaume. Au royaume de la joie éternelle !

Par conséquent, le facteur décisif n'est pas la façon dont vous vous voyez, mais la façon dont Dieu vous voit. Et comment Dieu vous voit, vous ne pouvez faire l'expérience que lorsque Jésus est autorisé à entrer dans votre vie. Celui qui n'est pas disposé à prier comme David veut continuer à vivre dans sa propre déception. Et le jour vient où Dieu vous montrera toute votre vie en un instant. Et alors tu verras toutes les choses que tu n'as jamais voulu voir. Mais il sera alors trop tard. Une fois que vous vous tenez devant le trône de Dieu du juge, il n'y a plus de grâce pour vous. La seule chose qui l'attend est la damnation éternelle. C'est exactement ce dont Dieu veut nous sauver, nous les humains !

Nous avons vu aujourd'hui que Dieu est toujours présent. Cette connaissance est terrible pour un pécheur. Mais pour un enfant de Dieu, c'est un fait merveilleux !

Celui qui est en paix avec Dieu sait que Dieu est son protecteur constant.

Que Dieu est son constructeur, qui donne exactement ce qui est bon pour tous !

Et ça ne l'effraie pas que Dieu soit son juge. Car il aime être jugé par Jésus en ce moment.

De telles personnes ne seront pas jugées dans l'éternité, mais vivront éternellement en présence de Dieu !

FSC
www.fsc.org
MIX
Papier aus verantwortungsvollen Quellen
Paper from responsible sources
FSC® C141904

Druck:
Customized Business Services GmbH
im Auftrag der
KNV Zeitfracht GmbH
Ein Unternehmen der Zeitfracht - Gruppe
Ferdinand-Jühlke-Str. 7
99095 Erfurt